초급에서 고급까지

사회과학통계의 이론과 실제

신재한·권민석

교육과학사

사회과학통계는 사회, 교육 등의 사상이나 현상을 수리적인 방법을 통해 기술하고 파악하는 활동이다. 이러한 사회과학통계는 주어진 사회 및 교육 현상을 요약·기술해 주는 기능과 관찰된 결과를 토대로 관찰되지 않은 전반적인 현상에 대한 일반적인 결론을 내리는 기능을 수행한다.

따라서, 사회과학통계는 한 집단의 특성을 이해할 수 있도록 간단하게 요약해 주고 연구 설계를 위한 기초적인 소양으로 반드시 필요하고, 사회과학통계 방법이나 사회과학통계 이론은 사회과학 문헌이나 선행 연구를 이해하는데 필수적이며 사회과학통계 방법을 활용함으로써 합리적이고 과학적인 사고 능력을 증진시킬 수 있는 장점을 가지고 있다.

이에 본서는 총 5부로 나누어 제 1부에서는 사회과학통계의 기초, 제 2부에서는 SPSS의 기초, 제 3부에서는 초급 사회과학통계, 제 4부에서는 중급 사회과학통계, 제 5부에서는 고급 사회과학통계를 소개하였다. 먼저 제 1부에서는 기본 개념, 연구대상, 집중경향치와 변산도, 정규분포와 편포, 변인과 가설, 실험설계와 조사설계 등 사회과학통계를 수행하는데 가장 기본적인 개념을 다루었다. 제 2부에서는 SPSS 소개 및 시작, 자료 입력과 변환, SPSS 출력 결과, 기술통계 등 SPSS를 다루기 위한 기초 기능을 소개하였다. 또한, 제 3부에서는 빈도분석, 교차분석, t검증, 상관분석, 변량분석 등 초급 사회과학통계 방법을 소개하였다. 제 4부에서는 공변량분석, 회귀분석, 신뢰도분석, 탐색적 요인분석, 판별분석, 다중응답분석 등 중급 사회과학통계 방법을 소개하였다. 끝으로 제 5부에서는 비모수적 검정, 정준상관분석, 경로분석, 구조방정식모형분석, 확인적 요인분석, 위계적 선형모형분석 등 고급 사회과학통계 방법을 소개하였다. 본서는 인문사회과학을 전공하는 대학생 및 석사, 박사 과정생뿐만 아니라, 인문사회과학 연구를 수행하는 많은 분들에게 도움을 줄 것으로 기대한다. 끝으로 본서 출판에 도움을 주신 교육과학사 관계자 여러분께 감사의 마음을 전한다.

2016년 3월

저자 대표 신재한

제1부 통계의 기초

제 2 부 SPSS의 기초

제 3 부 초급통계

제 4 부 중급통계

제 5 부 고급통계

제1부

: 통계의 기초

I 장

사회과학통계의 기본 개념

1. 통계와 사회과학통계

합리적이고 과학적인 방법으로 수집된 측정치를 자료(data)라고 하는데, 이러한 자료를 기술·해석·예측하는 방법에 관한 도구 학문이 바로 통계학이다. 즉 통계학은 불확실한 상황에서 현명한 의사결정을 하기 위한 이론과 방법의 체계이며 자료나 정보를 수집·분류·분석·해석하는 과정을 포함한다.

특히 통계학 중에서 교육의 사상이나 현상을 수리적인 방법을 통해 기술하고 파악하는 것을 사회과학통계라고 한다. 이러한 사회과학통계는 주어진 교육 현상을 요약·기술해 주는 기능과 관찰된 결과를 토대로 관찰되지 않은 전반적인 현상에 대한 일반적인 결론을 내리는 기능을 한다.

한편 사회과학통계의 필요성을 살펴보면 첫째, 한 집단의 특성을 이해할 수 있도록 간단하게 요약해 주고 둘째, 연구 설계를 위한 기초적인 소양으로 반드시 필요하며 셋째, 사회과학통계 방법이나 사회과학통계 이론은 교육학 전공 문헌이나 선행 연구를 이해하는 데 필수적이며 넷째, 사회과학통계 방법을 활용함으로써 합리적이고 과학적인 사고 능력을 증진시킬 수 있다.

2. 기술통계와 추리통계

사회과학통계는 한 집단의 자료, 즉 측정치를 기술하기 위해 사용한 방법이나 절차로서, 집단의 특성을 이해하는 방법을 제공하고 간단하게 요약해 주는 기술통계 기능과 관찰된 자료를 바탕으로 예측에 의해 일반적인 결론을 도출하는 방법으로서, 소집단에 관한 자료를 기초로 측정되지 않은 대집단의 개개인에 대해 예측하거나 일반화하는 추리통계 기능으로 구분할 수 있다(〈표 Ⅰ-1〉 참조).

표 Ⅰ-1 기술통계와 추리통계

구분	특징	예시
기술통계	• 일반적인 현상의 경향 추출 • 기술이나 설명 • 교육현상을 기술하거나 설명하는데 필요한 정보 요약 • 특정 집단에 대한 자료나 정보를 수집, 정리, 요약, 해석	빈도분포 평균 표준편차
추리통계	• 모집단에서 추출한 표본을 연구하여 모집단의 일반성 예측 및 추정 • 예측이나 통제 • 교육현상에 대해 예측하거나 통제하기 위해 확률적인 법칙 탐색 • 표집의 특성, 즉 표집치 또는 통계치를 이용해 전집의 특성, 즉 전집치 또는 모수치 추정	t검증 F검증 X^2검증

한편 추리통계는 〈표 Ⅰ-2〉와 같이 모수통계와 비모수통계로 구분할 수 있다.

표 Ⅰ-2 추리통계의 유형

구분	특징	예시
모수통계	• 전집의 분포에 대한 특별한 가정(전집의 분포가 정상분포를 이룬다는 가정)을 전제로 한 상태에서 표집치를 이용하여 전집치를 추정하는 통계	t검증 F검증
비모수통계	• 전집의 분포에 대한 특별한 가정을 전제하지 않은 상태에서 표집치를 이용하여 전집치를 추정하는 통계	X^2검증

3. 측정과 척도

측정은 특정한 규칙에 따라 관찰치에 숫자를 할당하는 것으로서, 양적 측정과 질적 측정으로 〈표 Ⅰ-3〉과 같이 분류할 수 있다.

표 Ⅰ-3 측정 방법의 분류

구분	특징
양적 측정	• 숫자 형태로 자료 제시 • 객관성 유지 • 한 가지 상황에서 다른 유사한 상황으로 일반화
질적 측정	• 이야기 형태로 자료 제시 • 관찰과 면접을 활용 • 상황 중심적이고 개개인이나 장면의 독특성 인정

특히 척도는 명명척도, 서열척도, 동간척도, 비율척도 등 〈표 Ⅰ-4〉와 같이 분류할 수 있다.

표 Ⅰ-4 척도의 유형

구분	특징
명명척도	• 단순히 분류유목을 붙임으로써 얻어지는 측정치 • 크기, 등간격, 절대영점의 특성 없음 • 자료에 이름을 붙이거나 분류, 범주화하기 위해 숫자 사용 • 분류척도 • 성별, 연령, 눈의 색깔, 혈액형, 지역, 도서 분류 번호 등 • 가감승제 불가능 • X^2검증, %, 최빈치 등
서열척도	• 순위와 상대적 위치를 나타내는 측정치 • 크기 특성 있음 • 등간격, 절대영점의 특성 없음 • 관찰치들이 크기나 양에 따라 순서화

구분	특징
	• '보다 많다', '보다 적다' 등 서열성에 관한 정보 제공 • 가감승제 불가능 • 석차, 키, 주민번호, 근면성, 태도, 성실성 등 • 중앙치, 사분편차, 등위차 상관계수 등
동간척도	• 척도의 점수들 사이에 동등한 간격을 가지고 있는 측정치 • 크기, 등간격 특성 있음 • 절대영점의 특성 없음 • 가감 가능 • 승제 불가능 • 학력점수, 온도, 연대, IQ, Likert 척도 등 • 평균, 표준편차, Pearson 적률상관계수, t검증, 변량분석 등
비율척도	• 절대영점을 가지고 있어 측정치 사이에 두 배, 세 배 등의 비율에 관한 정보를 가지고 있는 측정치 • 크기, 등간격, 절대영점의 특성 있음 • 가감승제 가능 • 길이, 부피, 무게, 시간, 백분율, 표준점수 등 • 모든 통계적 방법으로 분석 가능 • 가장 이상적인 척도

Ⅱ 장

연구 대상

1. 모집단과 표본

모집단은 연구자가 관심을 두고 있는 연구대상 전체로서 전집이라고도 한다. 이러한 전체 모집단을 연구대상으로 하는 것이 실제적으로 불가능하기 때문에 모집단을 대표하는 연구대상인 표본을 사용한다. 이러한 과정은 [그림 Ⅱ−1]과 같이 도식화할 수 있다.

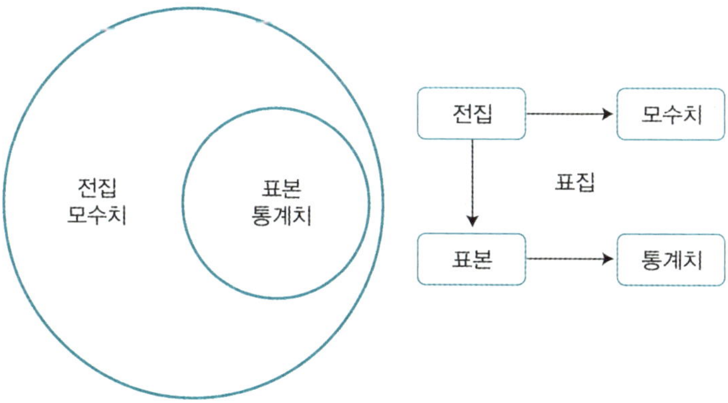

그림 Ⅱ−1 모집단과 표본의 관계

2. 표집

표본을 추출하는 방법은 크게 확률적 표집 방법과 비확률적 표집 방법으로 구분할 수 있다(〈표 Ⅱ-1〉 참조).

표 Ⅱ-1 표본을 추출하는 방법

구분	특징
확률적 표집	• 전집을 구성하고 있는 모든 요소나 사례들로부터 주어진 요소의 선정 또는 제외가 확률적 방법의 적용이 가능하도록 하는 표집 방법 • 연구대상이 표본으로 추출될 확률이 알려져 있을 경우 • 객관적 표집 방법 • 무작위 표본 추출 • 표본 분석 결과의 일반화 가능 • 표본오차의 추정 가능 • 많은 시간과 비용 소모 • 단순 무선 표집, 체계적 표집, 유층 표집, 군집 표집 등
비확률적 표집	• 주관적인 판단에 의해 전집과 같은 구성요소를 가진 대표적인 표집을 얻고자 하는 표집 방법 • 연구대상이 표본으로 추출될 확률이 알려져 있지 않을 경우 • 주관적 표집 방법 • 인위적 표본 추출 • 확률적인 추리 불가능 • 표본 분석 결과의 일반화의 제한 • 표본오차의 추정 불가능 • 시간과 비용 절약 • 의도적 표집, 할당 표집, 우연적 표집

특히 확률적 표집과 비확률적 표집의 유형을 살펴보면 〈표 Ⅱ-2〉, 〈표 Ⅱ-3〉과 같이 분류할 수 있다.

표 Ⅱ-2 확률적 표집 방법의 유형

구분	특징
단순 무선 표집	• 모집단의 모든 구성원이 표본에 추출된 확률이 동일하고 하나의 구성원이 추출되는 사건이 다른 구성원이 추출되는 것에 영향을 주지 않는 독립적인 표집 방법 • 가장 기본적이고 널리 쓰이는 표집 방법 • 추출 단위 전부에 같은 확률을 주어 추출하는 방법 • 단순 무작위 추출, 확률 추출 • 제비뽑기 • 다른 확률적 표집 방법의 기초 • 모집단에 대한 사전 지식이 없을 경우 사용 • 대표적인 표집이 될 가능성이 높음 • 선택될 확률이 동등하고 독립적인 경우 • 모집단의 층화에서 발생하는 오차가 없음 • 표집오차 계산 용이 • 소수의 특정 사례를 간과하여 표집오차가 커질 가능성
유층 표집	• 모집단을 층의 비율에 따라 전집을 가장 대표할 수 있도록 표집하는 방법 • 하위 집단 내부는 균일하게, 하위 집단 간은 불균일하게 분할 • 비례유층표집-유층으로 나뉜 각 집단 내의 표집의 크기를 전집의 구성비율과 동일하게 표집하는 방법 • 비비례유층표집-하위 집단의 크기에 비례하여 표집하는 것이 아니라, 필요한 수만큼 각 집단에서 뽑는 방법으로 전집에서의 구성비율이 그대로 표집에 반영되지 않음 • 하위 집단들의 특성 파악 용이 • 하위 집단의 계층 간 비교 가능 • 표집오차가 적음 • 계층정보에 의한 모집단 표집틀 제작으로 많은 시간 소모 • 하위 집단 분류 시 오류 발생 가능성
군집 표집	• 표집의 단위가 개인이나 요소가 아니라 집단 • 어떤 집단에 속한 사람들에게 묻는 것으로 집단 추출 • 시간과 경비 절약 • 비교적 간단한 작업 • 많은 수의 군집을 표집해야 표집오차가 작음 • 대표 표집이 어려워 다른 통계치의 적용 곤란 • 다단계 군집 표집 또는 군집의 크기 작게 해야 모집단을 대표하는 표본 추출

구분	특징
체계적 표집	• 모집단의 표집 목록에서 일정한 간격을 두고 연구대상을 추출하는 표집 방법 • K번째 1의 법칙 적용 • 표집 목록에 일련번호를 부여한 후 한 번호를 선정하고 K번째를 뛰어넘는 표집 방법 • 모집단의 표집틀이 무선적으로 배열되어 있지 않을 경우, 특정 집단이 상대적으로 많이 추출되어 모집단을 대표하지 못할 가능성 • 전집이 순서없이 배열되어 있다는 가정하에 일정한 간격으로 표집 수행 • 일반적으로 전집의 수가 적을 경우 사용

표 Ⅱ-3 비확률적 표집 방법의 유형

구분	특징
의도적 표집	• 주관적 판단 표집 • 일부 대표 지역이나 대상만을 임의로 표집하는 방법 • 전문가의 주관적인 판단
할당 표집	• 주관적 판단을 통합하는 표집 방법의 변형 • 특정 지역, 연령의 성별을 가진 대상의 구체적인 표집수를 할당하되, 구체적으로 어떤 사람을 선정할 것인가는 면접자에게 맡기는 표집 방법
우연적 표집	• 특별한 표집 계획 없이 연구자가 임의로 가장 손쉽게 구할 수 있는 대상 중에서 표집하는 방법 • 가장 얻기 쉬운 집단만 대상

한편 표본의 크기는 연구결과의 신뢰성과 매우 밀접한 관련성이 있다. 즉 상관연구는 최소한 30명 이상의 표본이 필요하고 인과-비교 연구와 실험연구는 각 비교집단에 최소 15명 이상의 표본이 필요하며 조사연구는 각 주요 집단별로 최소 100명 이상의 표본이 필요하다.

Ⅲ장 집중경향치와 변산도

1. 집중경향치

집중경향치는 한 집단의 어떤 특성의 대표적인 경향치로서, 최빈치, 중앙치, 평균치 등 〈표 Ⅲ-1〉과 같이 구분할 수 있다.

표 Ⅲ-1 집중경향치의 유형

구분	특징
최빈치	• 빈도가 가장 높은 측정치 • 가장 쉽게 확인하는 데 편리 • 신뢰할만한 집중경향치는 아님 • 교육현상의 탐구와 평가에서는 잘 사용하지 않음 • 급간의 크기에 따라 변동이 심함 • 시간적 여유가 없이 대체적인 경향을 짐작하는 데 사용
중앙치	• 전체 사례 수의 1/2에 해당하는 수치 • 전체 사례 수가 상부에 50%, 하부에 50%가 높여진 분기점에 해당하는 점수 • 전체 사례 수가 홀수인 경우 크기 순서에 따라 배열한 후 중앙에 위치한 사례의 수치가 중앙치가 되고, 짝수인 경우 크기 순서에 의해 배열했을 경우 가운데 위치하는 두 개의 수를 더한 후 2로 나눈 값이 중앙치가 됨 • 복잡한 계산 과정을 거치지 않고 한 분포의 집중경향을 추정하고 있을 때 사용 • 분포가 극도로 편포되어 극단치의 영향을 배제하고 싶은 경우 사용 • 극단적인 점수나 측정치가 집단의 대표치로서 기능을 왜곡시키는 경우 적절함
평균치	• 모든 수치를 모두 합한 값들을 사례 수로 나눈 값 • 모든 사례들의 측정치를 누락 없이 반영하여 계산 • 다른 집중경향치에 비해 신뢰할만한 집중경향치 • 분포에 있는 각 점수를 일정한 수로 곱하거나 나누면 평균치도 똑같이 바뀌야 함 • 천칭 저울의 중심과 유사하게 분포의 균형점에 해당 • 편차점수의 전체 합은 항상 0

특히 집중경향치가 적용되는 사례를 살펴보면 〈표 Ⅲ-2〉와 같이 정리할 수 있다.

표 Ⅲ-2 집중경향치가 적용되는 사례

구분	특징
최빈치	• 명명적, 서열적, 동간적, 비율적 측정치의 자료일 경우 • 주로 명명 척도인 경우 사용 • 집중경향을 가장 빨리 지정하고 싶은 경우 • 집중경향의 대체적인 짐작으로 충분할 경우 • 가장 흔히 일어나는 경우를 알고 싶은 경우 • 빈도분포에서 양 극단에 개방극간이 있는 경우 • 집중경향을 알아보는 것으로만 충분한 경우
중앙치	• 명명적, 서열적, 동간적, 비율적 측정치의 자료일 경우 • 주로 서열 척도인 경우 사용 • 평균치를 계산할 만한 시간적인 여유가 없는 경우 • 분포의 상반부와 하반부에만 관심이 있고, 중앙점으로부터의 거리에는 관심이 없는 경우 • 분포가 극도로 편포되어 있고 극단치의 영향을 배제하고 싶은 경우 • 집중경향을 알아보는 것으로만 충분한 경우
평균치	• 동간적, 비율적 측정치의 자료일 경우 • 가장 안정되고 신뢰할 수 있는 집중경향치를 원하는 경우 • 한 분포의 역율 또는 중심을 알고 싶은 경우 • 분포가 좌우대칭적이거나 정상분포에 가까운 경우 • 변산도, 상관도 등의 후속적 계산이나 정보가 필요한 경우

2. 변산도

변산도는 한 분포 안의 사례들이 집중경향치를 중심으로 흩어져 있는 정도를 나타낸다. 즉 변산도는 집중경향치와 더불어 분포의 성질을 기술하거나 점수를 해석하고 비교하는 데 반드시 필요한 지수이다. 같은 집중경향치라 하더

라도 점수의 분포가 넓게 또는 좁게 퍼져 있을 수 있기 때문에, 점수분포의 성질을 이해하는 데 중요한 지수이다. 변산도는 범위, 사분편차, 변량, 표준편차 등 〈표 Ⅲ-3〉과 같이 구분할 수 있다.

표 Ⅲ-3 변산도의 유형

구분	특징
범위	• 한 집단 내 사례의 최고점과 최하점의 간격 • 가장 쉽게 계산할 수 있지만, 신뢰할 수 없는 제한점 • 범위=최고점수-최저점수+1 • 양 극단의 점수를 알고 싶은 경우, 변산도를 빨리 알고 싶은 경우 사용 • 표집에 따른 변동이 심하고, 양 극단 값의 영향을 많이 받음 • 사례가 많을수록 커지는 경향이 있음 • 표준편차 대신에 품질관리에 많이 사용
변량	• 현상이나 요소들의 여러 관찰 값들 사이에 서로 다른 특성을 갖도록 변이를 보이는 특성치 • 연속변량, 불연속변량, 순위변량, 질적변량 등
사분 편차	• 집단에 대한 측정 자료들을 크기 순으로 배열하였을 경우 가장 작은 자료 항목으로부터 25%에 해당되는 위치에 있는 자료 항목의 값은 제1사분위수이고, 75%에 해당되는 위치에 있는 자료 항목의 값은 제3사분위수 • 제1사분위수와 제3사분위수 간의 거리를 사분범위로 하고, 사분범위를 2로 나눈 값을 사분편차로 함 • 양 극단의 값의 영향 배제 가능 • 평균에 대한 보완 수단 • 극단 점수가 있거나 극단적인 편포현상을 보이는 경우 유용하게 사용 • $Q = \frac{Q_3 - Q_1}{2}$
편준 편차	• 점수분포에서 각 점수와 평균 간의 차이를 의미하는 편차를 제곱하여 모두 합한 값을 전체 사례 수로 나눈 다음 제곱근을 하여 구한 값 • 변산도 중에서 가장 많이 사용되고 범위나 사분편차보다 안정적이고 신뢰로움 • 평균에서 얼마나 떨어져 있는가를 보여 주는 수치 • 값이 클수록 점수들이 평균을 중심으로 많이 떨어져 있고, 작을수록 평균 부근에 모여 있다는 것을 의미함 • 표준편차(SD) $= \sqrt{\frac{\sum (X-M)^2}{N}}$

한편, 변산도가 적용되는 사례를 살펴보면 〈표 Ⅲ-4〉와 같이 정리할 수 있다.

표 Ⅲ-4 변산도가 적용되는 사례

구분	특징
범위	• 가장 빨리 변산도를 추정하고 싶은 경우 • 극단치에 대하여 알고 싶은 경우
사분편차	• 집중경향치로서 중앙치만 알고 있는 경우 • 분포가 양단에서 절단되었거나 불완전한 경우 • 극단치가 있거나 분포가 심하게 편포되어 있는 경우 • 중앙부에 50%의 사례가 차지하는 실제의 점수범위를 알고 싶은 경우
표준편차	• 가장 신뢰로운 변산도를 알고 싶은 경우 • 상관도, 표준오차 회귀방정식 등의 계산이 뒤따르는 경우 • 정상분포곡선에 관련된 해석을 원하는 경우 • 분포가 정상분포에 가까운 경우

Ⅳ장

정규분포와 편포

1. 정규분포

정규분포는 자연적인 상태에서 여러 사례의 단일 차원의 특성을 측정하거나 또는 측정의 오차를 포함하는 반복 측정의 결과로 나타나는 종 모양의 분포로서, 정상분포, 가우스 곡선이라고도 한다. 이러한 정규분포는 많은 독립적 요인들이 하나의 변수에 영향을 미칠 때 연속확률변수들의 행태를 비교적 잘 설명해 주고, 다양한 연속확률변수의 확률 값도 구할 수 있으며 추리 통계의 기반을 제공해 준다.

특히 정규분포는 연속변수이고 평균(μ)을 중심으로 종 모양의 좌우대칭을 이루고 있어 평균, 중앙치, 최빈치 값이 모두 같다. 또한 정규분포의 형태와 퍼진 정도는 분포의 평균(μ), 표준편차, 분산에 의해 결정되어 분산과 표준편차가 커질수록 평평한 모양을 취하고 분산과 표준편차가 같더라도 평균의 차이에 따라 달라질 수 있다.

대표적인 정규분포 곡선을 그림으로 나타내면 [그림 Ⅳ-1]과 같이 도식화할 수 있다.

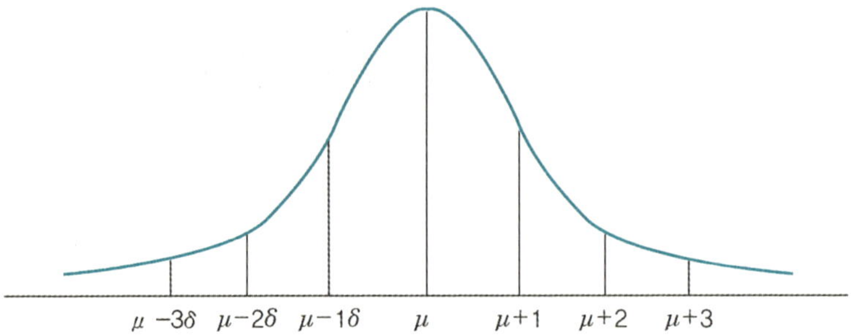

그림 Ⅳ-1 정규분포 곡선

한편 정규분포의 확률값은 그 구간의 면적에서 구해지고, 곡선 아래의 전체 면적은 100%이다([그림 Ⅳ-2] 참조).

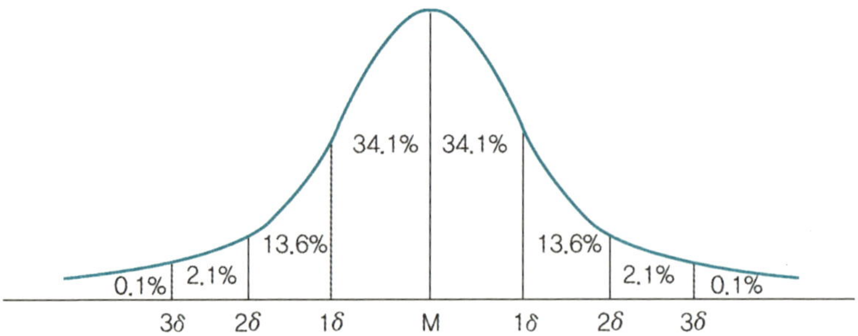

그림 Ⅳ-2 정규분포의 면적 비율

2. 편포도

편포도는 어떤 분포가 대칭성에서 벗어난 정도, 즉 비대칭성의 정도로서 왜도라고도 한다. 일반적으로 편포도 값이 클수록 좌측으로 기울어 편포도가 (+)인 정적 편포를 가지고, 편포도 값이 작을수록 우측으로 기울어 편포도가 (−)인 부적 편포를 가진다([그림 Ⅳ-3], [그림 Ⅳ-4] 참조).

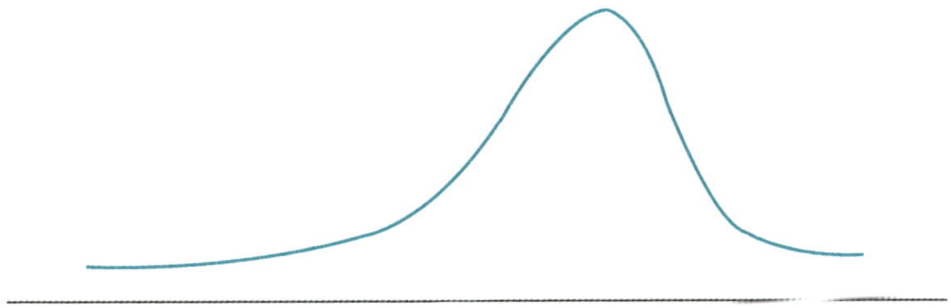

그림 Ⅳ-3 부적 편포

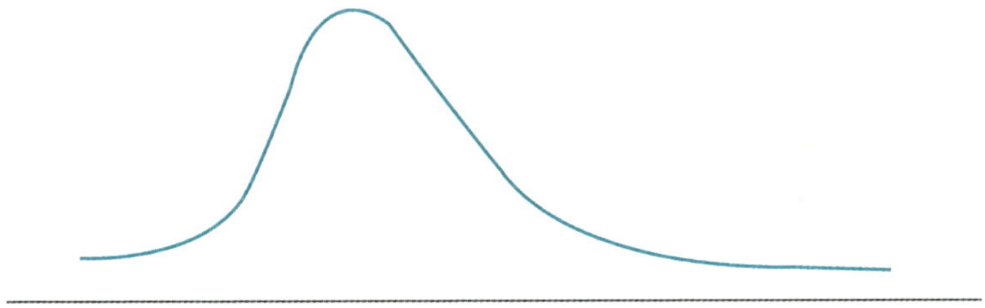

그림 Ⅳ-4 정적 편포

3. 첨도

첨도는 자료의 분포 모양의 첨예한 정도, 즉 빈도분포 곡선이 위로 뾰족한가 아니면 완만한가를 나타내는 수치로서 일반적으로 첨도가 클수록 뾰족하고 자료가 정상분포인 경우는 0이 된다([그림 Ⅳ-5], [그림 Ⅳ-6] 참조).

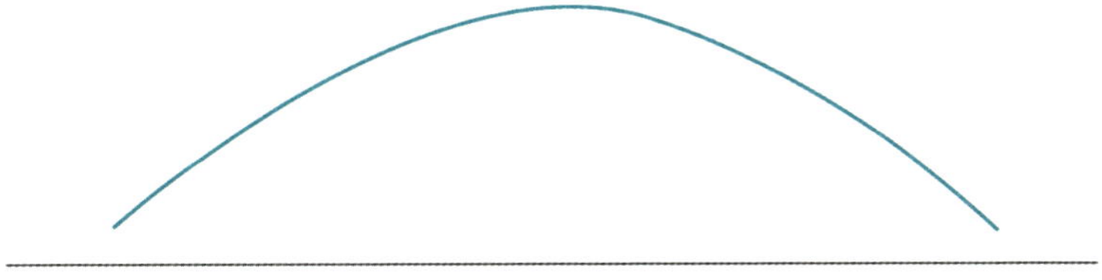

그림 Ⅳ-5 낮은 첨도

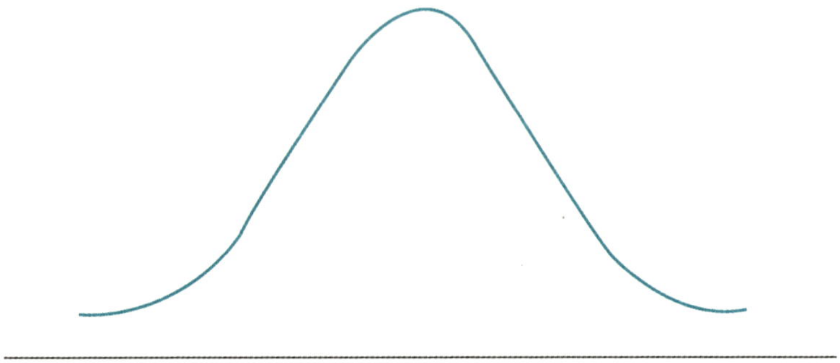

그림 Ⅳ-6 높은 첨도

V 장

변인과 가설

1. 변인의 유형

연구의 대상이 되고 있는 하나의 개체가 특정한 속성에 있어서 서로 구별될 수 있는 때의 속성이 바로 변인이다. 교육연구에서 주로 사용되는 변인에는 성별, 학년, 지역, 학업성적 등이 있는데, 이러한 변인에 숫자나 값을 부여해서 변인 간의 관계를 파악한다.

특히 변인의 유형은 〈표 V-1〉과 같이 분류할 수 있다.

표 V-1 **변인의 유형**

구분	유형	특징
연구방법에 의한 분류	양적 변인	• 양적 연구에 쓰이는 변인 • 서열, 등간, 비율척도 • 표집의 모집단이 정상분포를 가정할 때 사용하는 변인 • 모수적 분석 • 학업성적, 나이, 월수입 등
	질적 변인	• 질적 연구에 쓰이는 변인 • 명명척도 • 표집의 모집단이 정상분포를 가정할 수 없을 때 사용하는 변인 • 비모수적 분석 • 직업, 종교, 거주지역
연속성 여부에 의한 분류	연속형 변인	• 변수의 연속성을 가정한 변인 • 시험성적, 길이, 무게
	이산형 변인	• 비연속형 변수

구분	유형	특징
		• 값이 하나하나 떨어지는 변인 • 명명척도 • 성별, 종교
역할에 의한 분류	독립 변인	• 다른 변인의 영향을 받지 않는 변인 • 다른 변인에 영향을 주는 원인적 변인 • 변인들 간의 관계에 있어서 영향을 미치거나 예언해 주는 변인 • 지능지수
	종속 변인	• 변인들 간의 관계에 있어서 영향을 받거나 예언되는 변인 • 다른 변수의 영향을 받는 변인 • 다른 변수에 따라 변화하는 변인 • 학업성적
	매개 변인	• 독립 변인처럼 종속 변인에 직접적인 영향을 주지는 않지만, 독립 변인의 영향을 받아 종속 변인에 간접적인 영향을 주는 변인 • 학생의 노력
	통제 변인	• 독립 변인과 종속 변인 간의 관계를 보다 정확하게 밝히기 위해 두 변인에 영향을 미칠 수 있는 제3의 변인 • 매개 변인과 통제 변인의 차이는 매개 변인은 독립 변인의 종속 변인이고, 통제 변인은 독립 변인의 영향을 받지 않는 독립 변인이라는 점

2. 통계적 가설의 유형

가설은 변인들 간의 관계에 대해 잠정적으로 내린 결론이나 추측으로서, 가설이 관찰이나 실험을 통해 사실과 일치되는 검증의 경우 과학적인 법칙으로 성립되고 객관적인 진리로 인정받는다.

특히 연구가설은 어느 한 연구 분야와 관련된 이론으로부터 논리적으로 변인과 변인 간의 관계를 추리한 진술이다. 또한, 통계적 가설은 전집의 특성에 대해 추측한 것으로서 모수치에 관한 수식이나 기호로 나타내고 영가설과 대립가설로 구분할 수 있다(〈표 Ⅴ-2〉 참조).

표 Ⅴ-2 통계적 가설의 유형

유형	특징
영가설	• 원가설 • 귀무가설 • 둘 또는 그 이상의 모수치 간에 '차이가 없다' 또는 '관계가 없다'고 진술하는 가설 형태 • '남녀 간의 지능지수는 차이가 없다'
대립가설	• 상대적 가설 • 원가설에 상대적으로 대립시켜 설정한 가설 • 연구자가 표집조사를 통해 긍정이 되기를 기대하는 예상이나 주장하려는 내용 • '남녀 간의 지능지수는 차이가 있다'

3. 가설의 검증

가설검증은 일정한 존재에 관해 그것이 어떠한 사태에 있는가를 밝히는 사고 또는 주장이나 판단의 진위를 입증하는 추론의 과정을 의미한다. 이러한 가설 검증의 방법 중에서 통계적 의사결정은 연구가설을 수식으로 전환시킨 후 확률론에 의거하여 가설의 진위를 추론하는 방법으로서, 개연율을 따져 가설의 진위를 검증하기 때문에 유의성 검증이라고도 한다.

특히 통계 처리에 의해 확률수준(P값)이 5% 이하로 나오면($p \leq .05$) 결과가 의의 있는 차이가 있기 때문에, 영가설(Ho)이 기각되고 대립가설(HA)이 받아들여진다. 그러나 확률수준(P값)이 5%보다 크게 나오면($p \geq .05$) 결과가 의의 있는 차이가 없기 때문에, 영가설(Ho)이 받아들여진다.

한편 영가설과 대립가설이 주어졌을 경우, 가설 검증을 통해 영가설과 대립가설 중에서 하나를 선택하게 되는데, 영가설이 참일 때 영가설을 받아들이지 않고 대립가설을 받아들이는 경우나 영가설이 거짓일 때 받아들이는 경우는 잘못된 경우를 가설검증의 오류, 즉 통계적 오류라고 한다(〈표 V-3〉 참조).

표 V-3 가설검증의 결과

결정 \ 실제상태	영가설이 참인 경우	영가설이 거짓인 경우
영가설을 인정할 경우	바른 판단(1-α)	잘못 인정(2종 오류) β
영가설을 부정할 경우	잘못 부정(1종 오류) α	바른 판단(1-β)

Ⅵ장 실험 설계와 조사 설계

1. 실험 설계

인위적 처치를 하지 않고 자연적 상태를 분석하여 결론을 도출하는 비교연구와는 달리, 실험설계는 인위적 처리를 가하여 효과를 분석하는 방법이다. 이러한 실험 설계는 〈표 Ⅵ-1〉과 같이 분류할 수 있다.

표 Ⅵ-1 실험 설계의 유형

구분	유형	특징
단일 집단 설계	1회 사례연구 설계	• 실험집단에게 1회의 처치를 한 후 효과를 분석하는 설계 방법 • 신뢰성이 낮기 때문에 거의 사용하지 않는 설계 방법
	단일집단 사전사후 검사 설계	• 실험 전 종속변인 측정, 실험, 실험 후 종속변인 측정 • t검증
	Time-series 설계	• 실험집단의 각 구성원을 정기적 간격으로 검사하여 실험효과를 분석하는 설계 방법
사전-사후 통제집단 설계		• 실험연구에서 가장 널리 사용되는 실험 설계 방법 • 실험집단과 통제집단을 설정하여 사전-사후 검사를 실시하고 그 차이를 비교분석함으로써 실험처치의 효과를 검증하는 방법 • 공변량분석, 이원변량분석
사후검사 통제집단 설계		• 사전검사를 실시하지 않고 사후검사만을 실시하여 실험효과를 비교분석하는 방법 • t검증

2. 유사 실험 설계

유사 실험 설계는 실험 집단과 통제 집단을 무선적으로 할당할 수 없을 경우 사용하는 실험 설계 방법이다. 이러한 유사 실험 설계는 〈표 Ⅵ-2〉와 같다.

표 Ⅵ-2 유사 실험 설계의 유형

구분	특징
정적 집단 비교 설계	• 사후검사 통제집단 설계와 동일한 설계 방법
부등 통제 집단 설계	• 사전-사후검사 통제집단 설계와 동일한 설계 방법 • 교육현장에서 가장 유용하게 사용하는 설계 방법

3. 조사 설계

조사 설계는 조사문제에 대한 해답을 구하고 오류를 통제하기 위해 만들어진 조사연구의 계획, 구조, 전략으로서, 조사문제에 대한 해답을 가능한 한 타당성이 있고 객관적으로 접근하여 해결할 수 있도록 고안한 설계 방법이다. 이러한 조사 설계는 올바른 방향으로 연구하기 위한 청사진을 제공해 주고 현지의 상황을 고려하여 수정 가능하지만, 완전한 해답을 제공해 주지 못하고 가설을 확실히 증명하는 데 많은 제약이 따른다.

제2부

: SPSS의 기초

I 장

SPSS 소개 및 시작

1. 소개

SPSS(Statistical Package for the Social Sciences)는 쉽고 편안한 데이터 입력과 관리, 집계, 통계 분석 등의 작업을 수행하며, 분석 결과를 일목요연한 표와 그래프로 나타내고, 교차분석, 상관분석, 회귀분석, 분산분석, 판별분석, 요인분석 등 복잡한 다변량분석도 가능하여 데이터 입력, 효율적인 데이터 관리 및 간편한 통계 분석 처리 등을 목적으로 하고 있어 조금만 공부하면 전문가가 아닌 일반 사용자도 쉽게 사용할 수 있는 통계 프로그램이다.

1969년에 미국 시카고대학에서 데이터 관리 및 통계분석을 목적으로 개발된 통계분석 소프트웨어로 전 세계적으로 널리 사용되고 있다. 그 후 1983년에 SPSS의 미비점을 대폭 보완하고 실무에서 사용되는 거의 모든 통계적 분석 방법을 포함한 SPSSX가 탄생하면서 사회과학 분야뿐만이 아니라 모든 분야에 대한 종합적인 통계패키지로 발전하였다. 1986년에는 개인용 컴퓨터에서 사용할 수 있는 SPSS/PC가 탄생하여 저변이 확대되었고, 1990년대 초에는 SPSS 윈도용이 개발되기에 이르렀다. 2005년에는 윈도용 SPSS Ver. 12K로 '한글 SPSS'가 개발되었고, 최근에는 이것이 SPSS Ver. 17.0으로 기능이 많이 보강되어 널리 사용되고 있는 실정이다.

2. SPSS의 설치 및 실행

가. SPSS 프로그램 설치

SPSS를 설치하려면 정품 소프트웨어를 구입하여 개인용 컴퓨터에 설치를 해야 한다. 만약에 구입을 하기 힘든 경우 30일간 한정으로 이용할 수 있는 셰어웨어를 온라인에서 다운로드 받아 사용할 수도 있으며, 영어판보다는 한글판이 사용하기 편리하다.

SPSS 정품 소프트웨어를 CD드라이브에 넣고 setup.exe파일을 클릭하면 설치를 위한 초기 화면이 나타난다. 'Install SPSS'를 클릭하면 자동으로 프로그램이 설치된다.

나. SPSS 프로그램 실행

SPSS 프로그램 설치가 완료되면 바탕화면에 와 같은 바로가기 아이콘이 자동으로 생성된다. 바로가기 아이콘을 클릭하면 [그림 Ⅰ-1]과 같은 초기 화면이 나타난다.

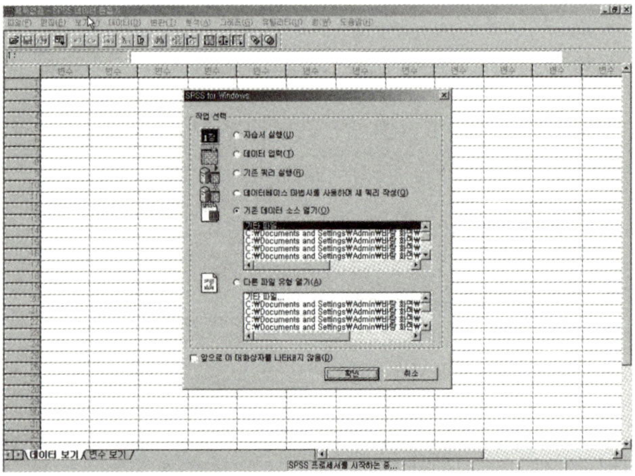

그림 Ⅰ-1 SPSS 프로그램 초기 화면

Ⅱ장

자료 입력 및 변환

1. 자료 입력

SPSS를 이용하여 분석할 자료를 입력하기 위해서는 〈표 Ⅱ-1〉과 같은 설문지를 보고 응답자들의 응답내용을 [그림 Ⅱ-1]과 같이 SPSS 데이터 입력창에서 직접 입력을 하거나, 한글워드프로그램에서 작업한 파일(hwp)이나 엑셀에서 작업한 스프레드시트(xls)파일을 불러오거나 복사하여 SPSS 데이터 입력창에 붙여넣기를 하여 사용할 수 있다.

표 Ⅱ-1 설문지 내용 예시

※ 다음은 학생의 가정배경에 관해 묻는 질문입니다. 해당되는 곳에 직접 적거나 ○표시를 해 주세요.

1. 교사 성별은? 여자( ), 남자( )

2. 교육 경력은?
   ① 0~5년( ) ② 6~10년( ) ③ 11~15년( ) ④ 16~20년( ) ⑤ 20년 이상( )

3. 학급 규모는?
   ① 11학급 이하( ) ② 12~17학급( ) ③ 18~35학급( ) ④ 36학급 이상( )

4. 학급 소재지는?
   ① 대도시( ) ② 중소도시( ) ③ 읍면지역( )

5. 부모님은 내가 공부하도록 압력을 자주 주신다.
   ① 전혀 그렇지 않다. ② 그렇지 않다. ③ 보통이다. ④ 그런 편이다. ⑤ 매우 그렇다.

6. 부모님은 내가 공부하는 시간에 옆에서 감독하신다.
   ① 전혀 그렇지 않다. ② 그렇지 않다. ③ 보통이다. ④ 그런 편이다. ⑤ 매우 그렇다.

7. 선생님은 나에게 애정을 갖고 따뜻하게 대해 주신다.
   ① 전혀 그렇지 않다. ② 그렇지 않다. ③ 보통이다. ④ 그런 편이다. ⑤ 매우 그렇다.

8. 나는 친구들과 많은 정보를 주고받는다.
   ① 전혀 그렇지 않다. ② 그렇지 않다. ③ 보통이다. ④ 그런 편이다. ⑤ 매우 그렇다.

9. 다음은 10월 성취도 평가 성적을 적어주세요.
   국어(　)점, 수학(　)점

위의 설문지에 근거해서 자료를 입력하기 위해 〈표 Ⅱ-2〉와 같이 코딩(coding)에 대한 구체적인 정보를 기록해 두는 것이 좋다.

표 Ⅱ-2 코딩 매뉴얼

학교수준 변인	
교사성별	더미변인: 여자-0, 남자-1
교육경력	5: 20년 이상, 4: 16~20년, 3: 11~15년, 2: 6~10년, 1: 0~5년
학교규모	4: 36학급 이상, 3: 18~35학급, 2: 12~17학급, 1: 11학급 이하
학교소재지	3: 대도시, 2: 중소도시, 1: 읍면지역
공부압력, 부모감독, 교사학생, 학생관계	Likert 5품등 5: 매우 그렇다, 4: 그렇다, 3: 보통이다, 2: 그렇지 않다, 1: 전혀 그렇지 않다
〈종속변인〉 10월성취도평가점수	국어, 수학 성적(교과별 70점 만점)

가. SPSS 프로그램에서 데이터 입력하기

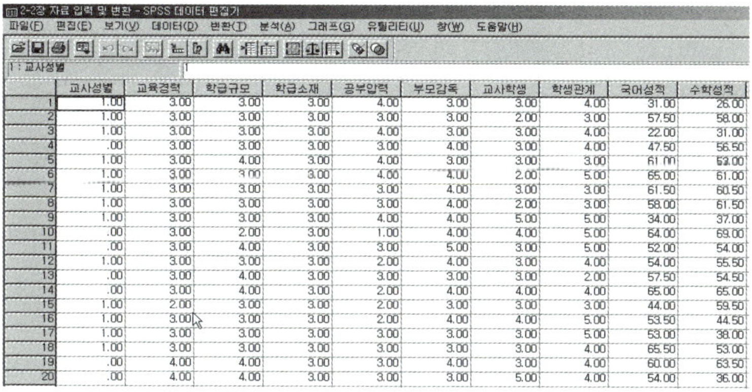

	교사성별	교육경력	학급규모	학급소재	공부압력	부모감독	교사학생	학생관계	국어성적	수학성적
1	1.00	3.00	3.00	3.00	4.00	3.00	3.00	4.00	31.00	26.00
2	1.00	3.00	3.00	3.00	3.00	3.00	2.00	3.00	57.50	58.00
3	1.00	3.00	3.00	3.00	4.00	3.00	3.00	4.00	22.00	31.00
4	.00	3.00	3.00	3.00	3.00	4.00	3.00	4.00	47.50	56.50
5	1.00	3.00	4.00	3.00	4.00	3.00	3.00	3.00	61.00	53.00
6	1.00	3.00	3.00	3.00	4.00	4.00	2.00	5.00	65.00	61.00
7	1.00	3.00	3.00	3.00	3.00	4.00	3.00	3.00	61.50	60.50
8	1.00	3.00	3.00	3.00	3.00	4.00	2.00	3.00	58.00	61.50
9	1.00	3.00	3.00	3.00	4.00	4.00	5.00	5.00	34.00	37.00
10	.00	3.00	2.00	3.00	1.00	4.00	4.00	5.00	64.00	69.00
11	.00	3.00	4.00	3.00	3.00	5.00	3.00	5.00	52.00	54.00
12	1.00	3.00	3.00	3.00	2.00	4.00	3.00	4.00	54.00	55.50
13	.00	3.00	4.00	3.00	3.00	3.00	3.00	2.00	57.50	54.50
14	.00	3.00	4.00	3.00	2.00	4.00	4.00	4.00	65.00	65.00
15	1.00	2.00	3.00	3.00	2.00	3.00	3.00	3.00	44.00	59.50
16	1.00	3.00	3.00	3.00	2.00	4.00	4.00	5.00	53.50	44.50
17	1.00	3.00	3.00	3.00	3.00	3.00	3.00	5.00	53.00	38.00
18	1.00	3.00	3.00	3.00	3.00	3.00	3.00	4.00	65.50	53.00
19	.00	4.00	4.00	3.00	3.00	4.00	3.00	4.00	60.00	63.50
20	.00	4.00	4.00	3.00	3.00	3.00	5.00	4.00	54.00	36.00

그림 Ⅱ-1 SPSS 데이터 입력창

위의 [그림 Ⅱ-1]과 같이 데이터를 입력한 후 파일의 화면 아래쪽에 있는 [데이터 보기][변수 보기]를 클릭하면 [그림 Ⅱ-2]와 같이 이름, 유형, 자리수, 소수점이하자리, 설명, 값, 결측값, 열, 맞춤, 측도의 메뉴가 나온다.

[이름]을 클릭하여 변수명을 '교사성별', '교육경력' 등 필요한 변수명으로 고치고, [설명]도 '교사성별', '교육경력' 등 필요한 내용으로 수정을 한 후 [값]을 클릭하면 '변수값 설명' 메뉴가 나타난다.

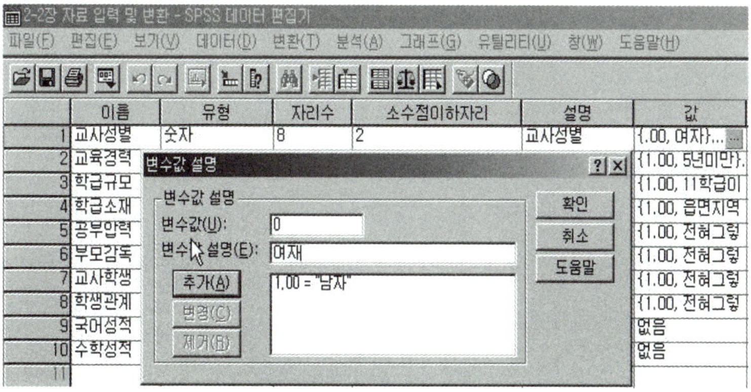

그림 Ⅱ-2 변수값 설명하기

예를 들면 이름에서 '교사성별'의 값은 '여자'면 '0'을, '남자'면 '1'을 부여하려면 '변수값'은 '0'으로, '변수값 설명'은 '여자', '변수값'은 '1'로, '변수값 설명'은 '남자'로 입력 후 각각 [추가(A)] 버튼을 누른 후 [확인] 버튼을 누르면 [그림 Ⅱ-1]과 같이 데이터 창에 입력이 완료된다. 변수에 맞는 이름, 설명, 값을 반드시 입력해야 SPSS 출력 결과를 쉽게 해석할 수가 있다.

2. 자료 변환

가. 변수값 계산하기

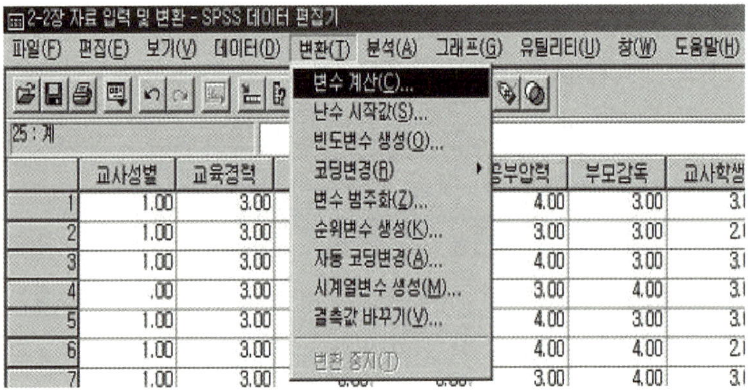

그림 Ⅱ-3 **변수 계산 메뉴**

변수값을 계산하기 위해서는 [그림 Ⅱ-3]과 같이 [변환(T)]-[변수계산(C)]를 클릭하면 오른쪽 그림과 같이 [변수계산]메뉴가 나타난다.

여기에서 '대상변수'에 새롭게 만들 변수명을 입력하고, [유형 및 설명(L)...]에서 연산할 변수를 클릭하고 가운데에 연산자를 이용한 후 [확인]을 누르면 새로운 변수가 만들어지고, 변수값이 자동으로 계산된다.

다음의 [그림 Ⅱ-4]는 국어점수와 수학점수를 더해서 '계'라는 새로운 변수를 만든 것이다.

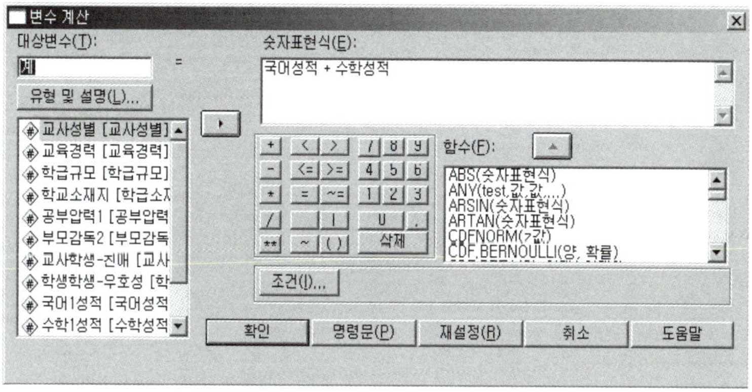

그림 Ⅱ-4 **변수 계산 대화상자**

변수 계산에서 많이 사용되는 연산자를 살펴보면 다음의 〈표 Ⅱ-3〉과 같다.

표 Ⅱ-3 **연산자**

산술 연신자		
기호	의미	예
+	덧셈	A+B
-	뺄셈	A-B
*	곱셈	A*B
/	나눗셈	A/B
**	지수	A**B
( )	연산순서	
관계 연산자		
기호	연산자	내용
〈	LT	보다 작다
〉	GT	보다 크다
≤	LE	작거나 같다
≥	GE	크거나 같다
=	EQ	같다
≠	NE	같지 않다

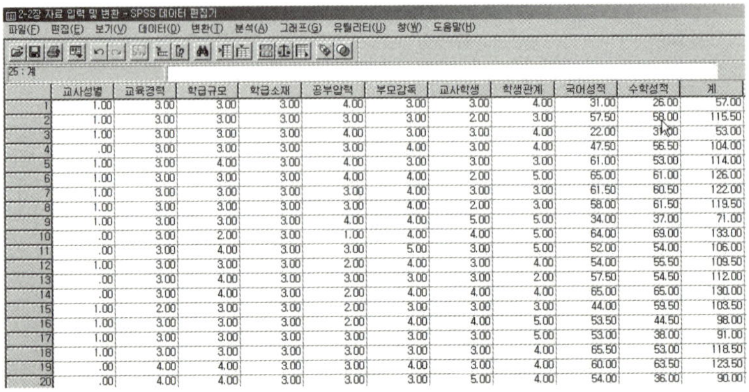

그림 Ⅱ-5 새롭게 생성된 변수

나. 같은 변수로 코딩 변경하기

step 1

[변환]-[코딩변경]-[같은 변수로]를 클릭한다. 코딩 변경할 변수를 클릭하여 ▶를 클릭하면 숫자 변수로 변경할 변수가 옮겨진다.

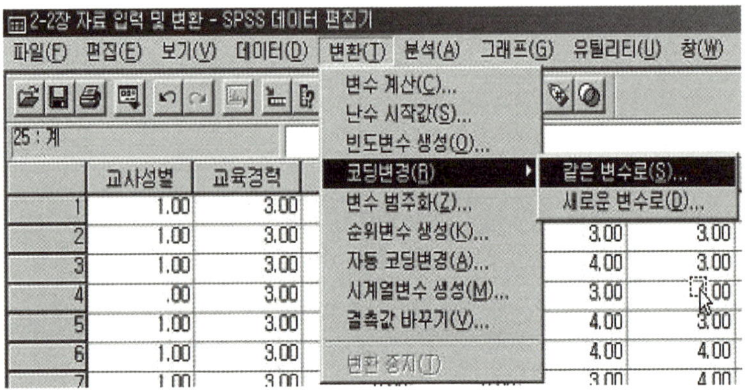

그림 Ⅱ-6 코딩변경 메뉴

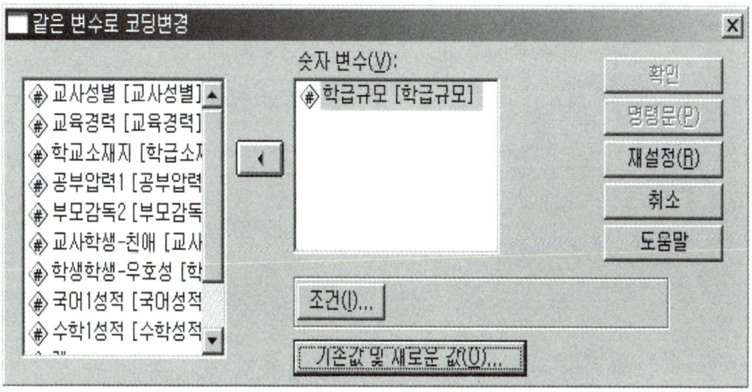

그림 Ⅱ-7 같은 변수로 코딩변경 대화상자

step 2

학급규모의 코딩값 중 '2'의 값을 '1'로 변경하기 위해 〈기존값〉에는 '2', 〈새로운 값〉에는 '1'을 입력한 후 추가(A)를 클릭한 후 계속을 클릭한다.

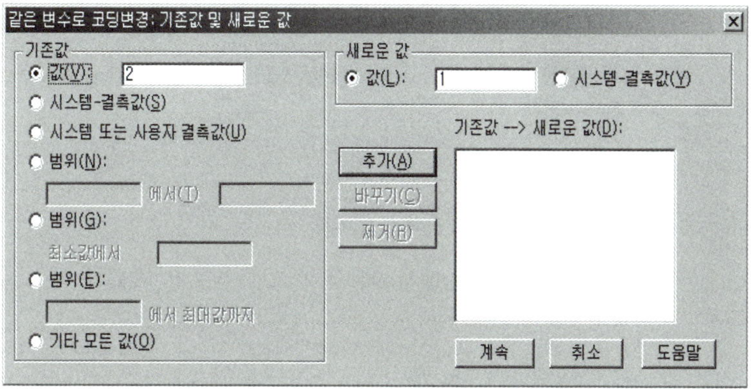

그림 Ⅱ-8 기존값과 새로운 값 입력

〈기존값〉에서 범위를 지정하여 사용할 수도 있다. 예를 들면 코딩값의 1에서 3까지의 코딩값을 1로 변경하고자 한다면 '범위'에서 '1에서 3'으로 입력을 한 후 〈새로운 값〉에 1을 입력하면 된다.

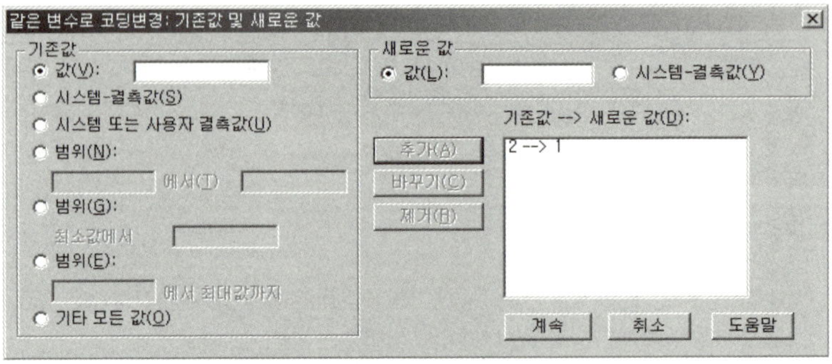

그림 Ⅱ-9 기존값에서 새로운 값으로 추가 및 계속

step 3

확인 단추를 누르면 오른쪽과 같이 학급규모의 코딩변수 '2'가 '1'로 변경됨을 알 수 있다.

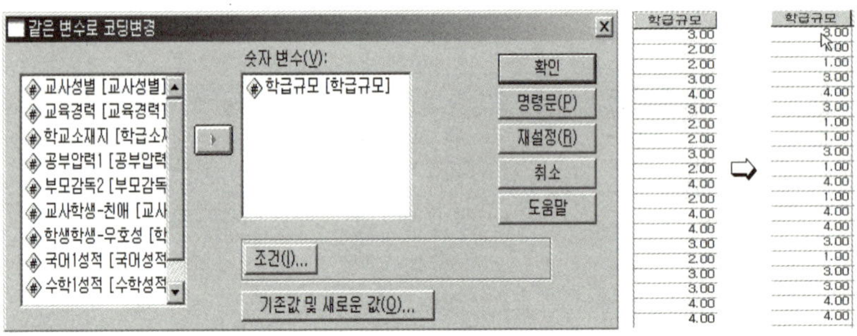

그림 Ⅱ-10 기존값에서 새로운 값으로 추가 및 계속

다. 새로운 변수로 코딩 변경하기

step 1

[변환]-[코딩변경]-[새로운 변수로]를 클릭한다. 코딩 변경할 변수를 클릭하여 를 클릭하면 숫자 변수로 변경할 변수가 옮겨진다.

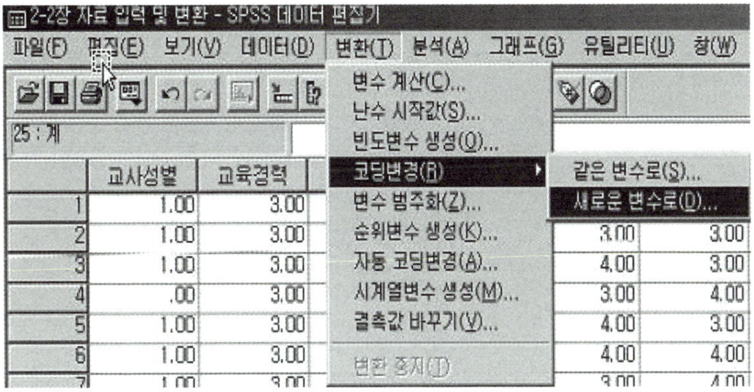

그림 Ⅱ-11 코딩 변경 메뉴

국어성적을 새로운 변수명인 '국어분류'라고 입력을 한 후 바꾸기(C) 버튼을 클릭하면 입력창에 새로운 변수명이 생성된다.

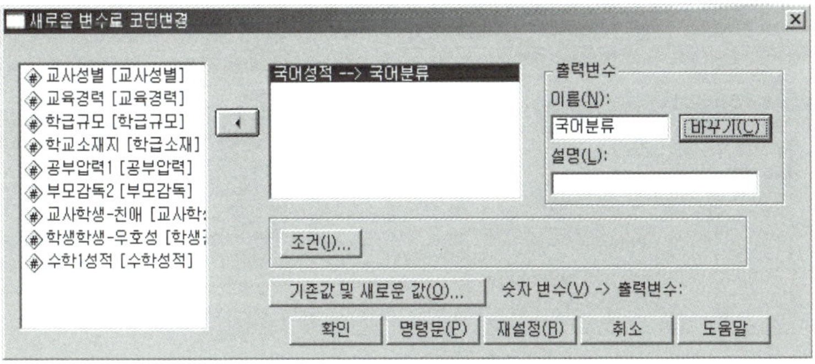

그림 Ⅱ-12 새로운 변수로 코딩 변경 대화상자

step 2

〈기존값〉에서 국어성적을 0－40점까지를 0으로 코딩하기 위해서 범위에서 '0에서 40'으로 입력을 하고 〈새로운 값〉에서 0을 입력한 후 추가(A) 버튼을 누르고, 다시 〈기존값〉에서 국어성적을 41－70점까지의 점수를 1로 코딩하기 위해 범위에서 '41에서 70'으로 입력을 하고 〈새로운 값〉에서 1을 입력한 후

[추가(A)]를 누르고, [계속]을 누른다.

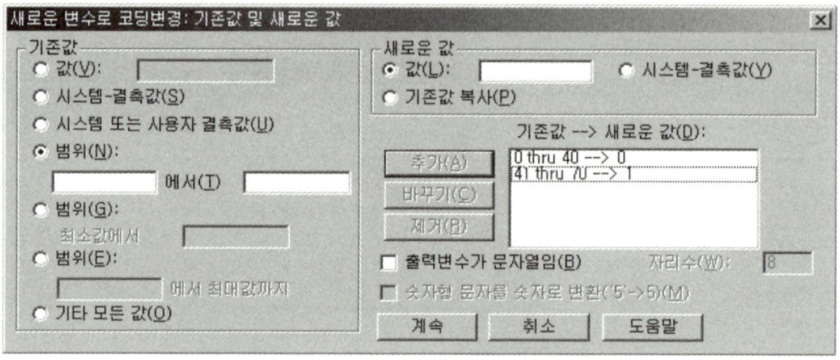

그림 Ⅱ-13 기존값에서 새로운 값으로 입력

[확인] 버튼을 누르면 아래와 같이 새로운 변수와 변수값이 생성된다.

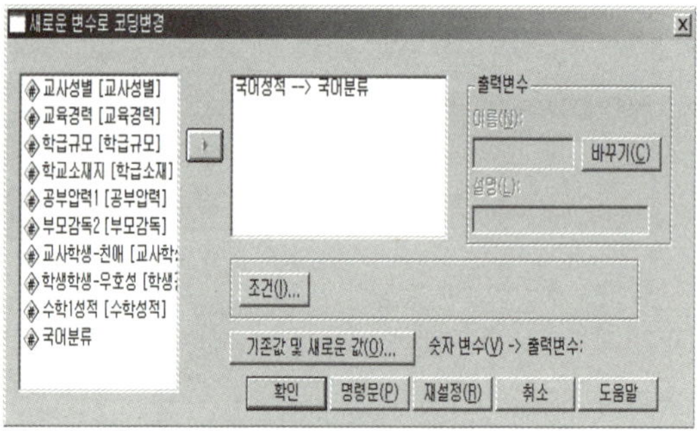

국어성적	수학성적	국어분류
31.00	26.00	.00
57.50	58.00	1.00
22.00	31.00	.00
47.50	56.50	1.00
61.00	53.00	1.00
65.00	61.00	1.00
61.50	60.50	1.00
58.00	61.50	1.00
34.00	37.00	.00
64.00	69.00	1.00
52.00	54.00	1.00
54.00	55.50	1.00
57.50	54.50	1.00
65.00	65.00	1.00
44.00	59.50	1.00
53.50	44.50	1.00
53.00	38.00	1.00
65.50	53.00	1.00
60.00	63.50	1.00
54.00	36.00	1.00

그림 Ⅱ-14 새로운 변수와 변수값 생성

Ⅲ장

출력 결과 저장

1. 결과 파일 저장

가. SPSS 형식으로 저장

SPSS를 이용하여 분석한 결과를 저장하는 방법은 뒷장에서 다룰 빈도분석을 예로 들고자 한다.

step 1

[분석]−[기술통계량]−[빈도분석]으로 들어간다.

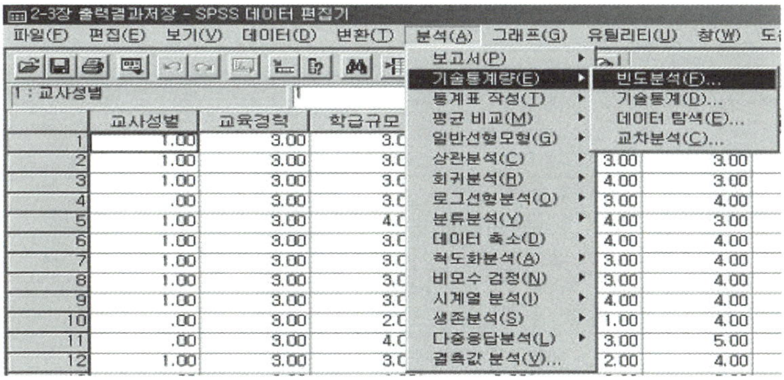

그림 Ⅲ-1 빈도분석

step 2

분석하고자 하는 항목을 선택한 후 [▶]를 클릭하여 '변수(V)'로 보낸 후 [확인]을 클릭한다.

그림 Ⅲ-2 빈도분석 대화상자

step 3

교육경력에 대한 빈도분석 결과창이 아래와 같이 나타나고, 저장을 클릭한다.

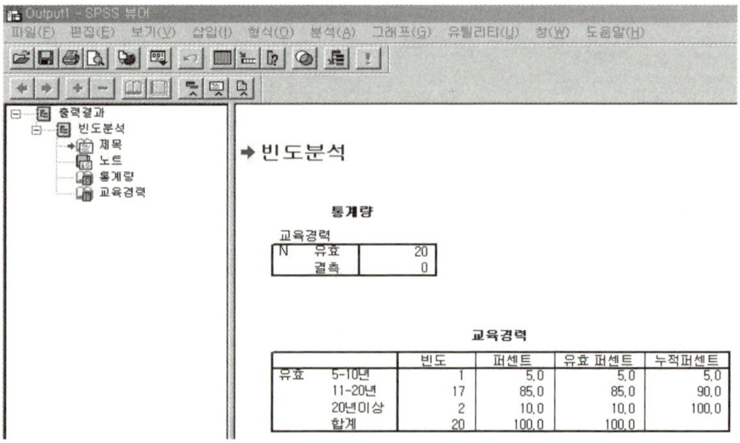

그림 Ⅲ-3 빈도분석 결과

step 4

파일 이름을 알아보기 쉬운 내용으로 넣은 후 저장을 클릭하면 와 같이 [교육경력빈도분석.spo]로 저장이 된다.

그림 Ⅲ-4 빈도분석 결과 저장하기

나. 결과를 다른 형식으로 저장

분석 결과를 한글 프로그램에서 불러와 편집하거나 웹 페이지 형식으로 보기 위해서는 분석 결과를 [HTML] 형식으로 저장을 해야 한다.

step 1

앞에서 저장한 교사경력빈도분석.spo파일을 클릭하여 파일을 연 다음, [내보내기]를 클릭한다.

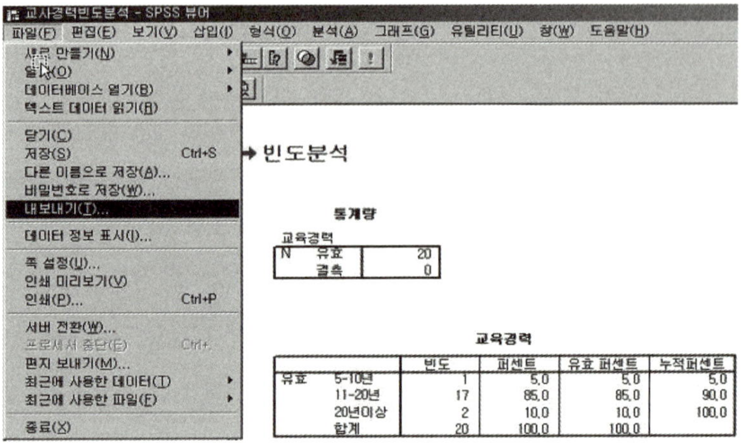

그림 Ⅲ-5 내보내기

step 2

[내보내기]에서 보낼 대상을 〈출력결과 문서(도표 없음)〉와 〈도표만〉으로 선택하여 보낼 수 있으며, [내보내기 대상]에서 〈모든 개체〉와 〈보이는 개체〉를 선택할 수 있다. [내보내기 형식]에서 〈HTML file(*.htm)〉과 〈Text file(*.txt)〉을 선택한 후 마지막으로 [확인]을 누르면 된다.

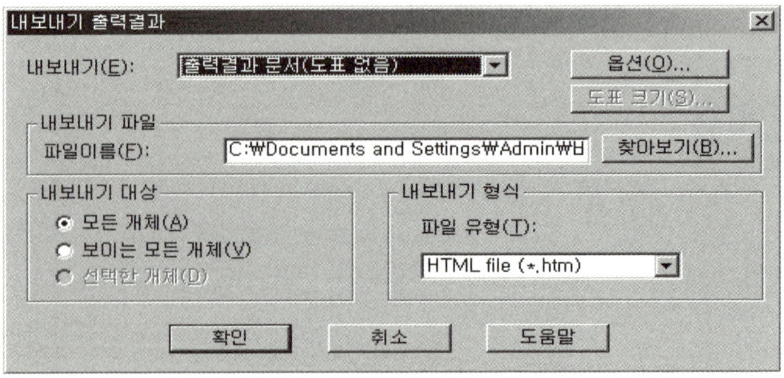

그림 Ⅲ-6 내보내기 대화상자

step 3

output.html로 저장이 되어 분석 결과가 아래와 같이 HTML형식으로 나타나게 된다.

빈도분석

노트

작성된 출력결과		06-FEB-2010 08:33:40
주석		
입력	데이터	C:₩Documents and Settings₩Admin₩바탕 화면₩통계₩제2부SPSS의 기초₩2-3장 출력결과저장.sav
	필터	〈지정않음〉
	가중	〈지정않음〉
	파일분할	〈지정않음〉
	작업 데이터 파일의 행 수	20
결측값 처리	결측값 정의	사용자 정의 결측값은 누락된 데이터로 처리됩니다.
	사용 케이스	통계량은 유효한 데이터를 포함하는 모든 케이스를 기준으로 결정됩니다.
명령문		FREQUENCIES VARIABLES=교육경력 /ORDER= ANALYSIS .
자원	허용된 전체값	18724
	경과 시간	0:00:00.02

통계량
교육경력

N	유효	20
	결측	0

그림 Ⅲ-7 html 문서

2. 결과 파일 불러오기

가. 결과 파일(HTML 형식)을 한글에서 불러오기

[내보내기]에서 [HTML]형식으로 저장한 결과 [교사경력빈도분석.html]을 한글에서 불러 편집하여 사용할 수 있다.

step 1

한글 프로그램을 실행한 후 [파일]-[불러오기]를 클릭한다.

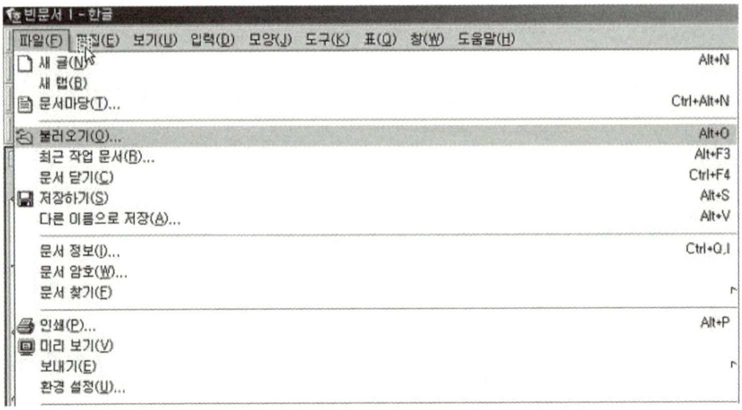

그림 Ⅲ-8 한글 프로그램에서 불러오기

step 2

파일형식에서 [모든 파일(*.*)]이나 [html]형식을 선택한 후 [빈도분석.html] 파일을 선택하여 열기(O) 를 클릭한다.

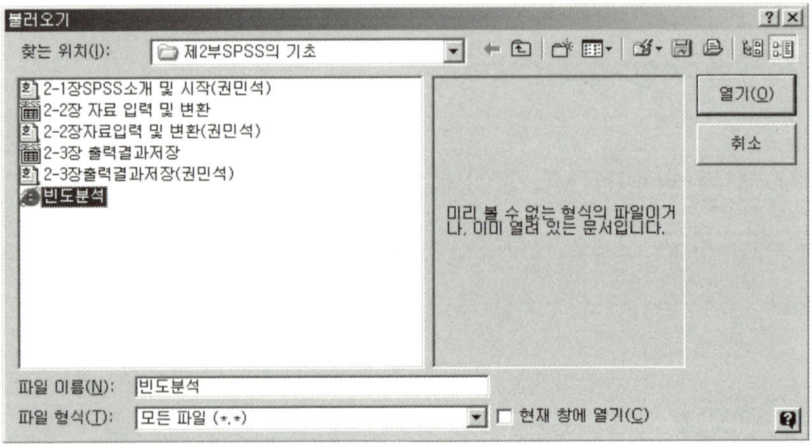

그림 Ⅲ-9 불러오기 대화상자

step 3

한글파일에서 [빈도분석.html]파일이 열리고, 쉽게 표로 편집할 수 있게 된다.

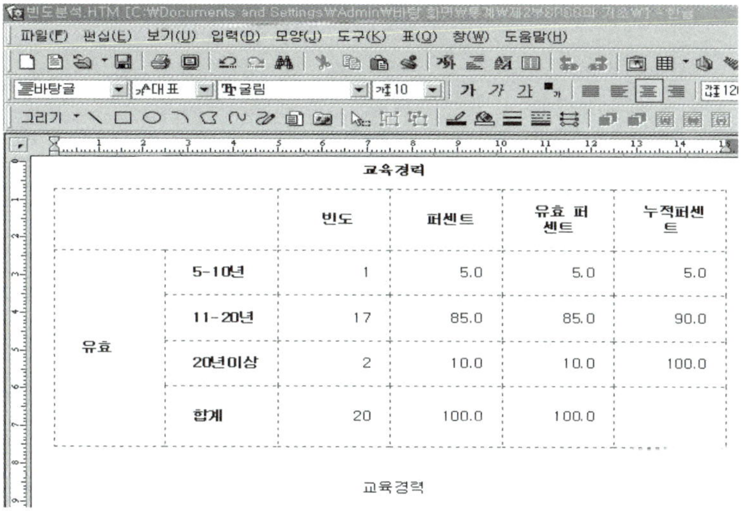

교육경력

		빈도	퍼센트	유효 퍼센트	누적퍼센트
유효	5-10년	1	5.0	5.0	5.0
	11-20년	17	85.0	85.0	90.0
	20년이상	2	10.0	10.0	100.0
	합계	20	100.0	100.0	

교육경력

그림 Ⅲ-10 불러오기 결과

Ⅳ장

기술통계

1. 개념

다중응답은 하나의 설문에 두 개 이상의 응답을 한 것이다. 이러한 다중응답은 '방과후 학교에서 배우고 싶은 과목을 두 가지만 선택하시오'와 같이 해당하는 것을 2가지로 한정하여 응답하는 경우와 '방과후 학교에서 배우고 싶은 과목을 모두 선택하시오'와 같이 해당하는 것을 모두 선택하여 응답하는 경우로 구분할 수 있다.

2. 사용 목적

SPSS를 통해 기술통계를 구하면 하나의 표에 표본의 크기, 평균, 최소값, 최대값, 표준편차, 분산, 범위, 총합, 평균의 표준오차 및 표준화된 값 등이 하나의 표에 통계량이 요약되어 나타난다.

기술통계분석(Descriptive satistics analysis)은 빈도분석(Frequency analysis)과 비교하여 통계처리 결과는 거의 비슷하다. 하지만 빈도분석에서는 주로 이산적인 변수값(Discrete data)을 다루는 데 비해, 기술통계분석은 연속적인 변수값(Continuous data)을 다룬다.

3. 기본 가정

기술통계에 사용되는 주요 용어와 설명을 살펴보면 다음의 〈표 Ⅳ-1〉과 같다.

표 Ⅳ-1 주요 용어와 설명

용어	설명
평균(Mean)	어떤 집합의 구성원 값들 사이의 중간값을 나타내는 양으로 산술평균을 보여준다.
합계(Sum)	수집된 자료의 전체 합계
표준편차 (Stand Deviation)	평균값에서 떨어져 있는 정도를 나타내며, 표준편차가 작을수록 평균값에서 변량들의 거리가 가깝다.
분산(Variance)	평균에서 떨어져 있는 정도를 나타내는 변량으로 표준편차를 제곱한 값
범위(Range)	최대값과 최소값의 차이를 나타내는 정도
최대값(Maximum)	수집된 자료 중에서 가장 큰 값
최소값(Minimum)	수집된 자료 중에서 가장 작은 값
평균의 표준오차 (Semean)	평균의 표준오차로 표본평균의 흩어진 정도를 나타냄
왜도 (skewness)	분포의 비대칭정도를 나타내는 통계량이다. 왜도값이 0이면 정규분포와 마찬가지로 좌우대칭인 경우이고, 0보다 크면 오른쪽 꼬리를 가지는 분포, 0보다 작으면 왼쪽 꼬리를 가지는 분포를 나타낸다.
첨도 (Kurtosis)	분포도가 얼마나 중심에서 집중되어 있는가를 측정하는 것이다. 첨도의 측정 값이 3보다 크면 정규분포보다 높은 봉우리를 가지며, 3보다 작으면 정규분포보다 낮은 봉우리를 가진 분포를 나타낸다.
평균값 오름차순 (Asecnding Means)	각 변수의 평균값의 크기가 작은 변인에서 큰 변인의 순으로 통계치가 정렬되어 나타남.
평균값 내림차순 (Descending Means)	각 변수의 평균값의 크기가 큰 변인에서 작은 변인의 순으로 통계치가 정렬되어 나타남.
문자순(Alphabetic)	변수 이름의 문자 순서에 따라 통계치가 정렬되어 나타남.
변수목록 (Variable list)	변수의 정의된 순서에 따라 통계치가 정렬되어 나타남.

4. 연구 상황

① 초등학교 학생들의 부모－자녀 관계, 교사－학생 관계, 학생－학생 관계를 알아보기 위해 기술통계 분석을 실시한다.

② 기술통계 분석을 실시한 후 최소값, 최대값, 평균값과 표준편차값을 알아본다.

5. 실행 과정

가. 기술통계 분석

SPSS 데이터 편집기에서 [열기]－[데이터]를 클릭한다.

step 1

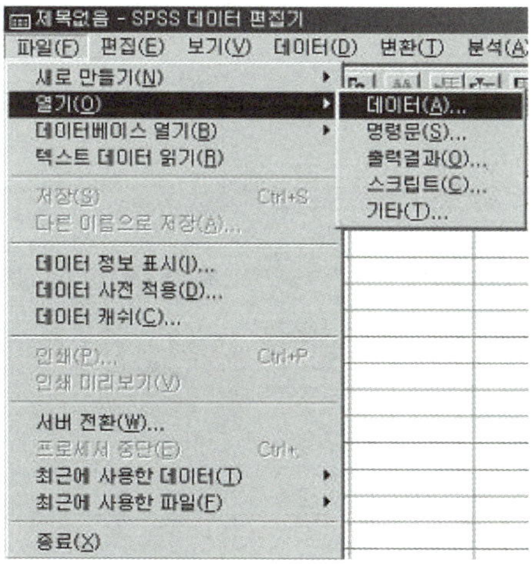

그림 Ⅳ-1 SPSS 데이터 편집기 열기

step 2

[파일 열기] 대화상자에서 코딩한 데이터 파일을 선택한 후 확인 을 클릭한다.

그림 Ⅳ-2 기술통계의 파일 열기 대화상자

step 3

[분석]-[기술통계량]-[기술통계]를 클릭한다.

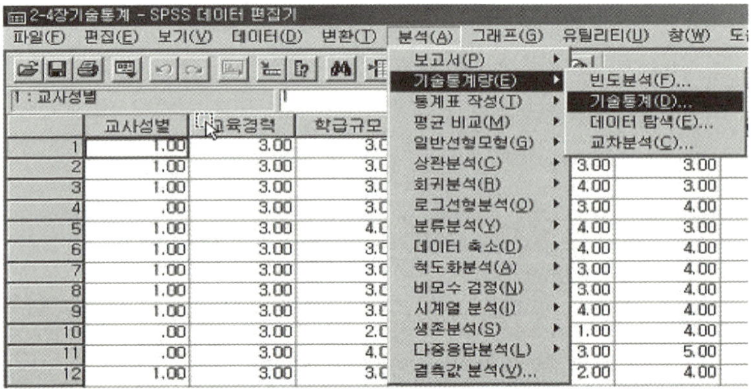

그림 Ⅳ-3 기술통계 들어가기

step 4

분석하고자 하는 변수를 클릭하여 ▸를 클릭하여 〈변수〉로 보낸다.

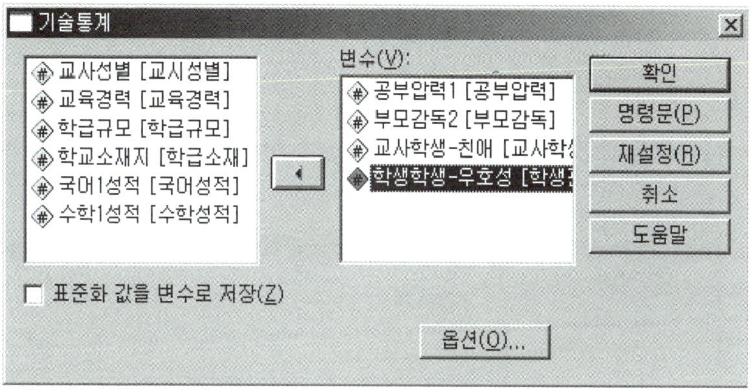

그림 Ⅳ-4 기술통계 대화상자

step 5

옵션(O)...을 클릭하고, 평균, 합계, 표준편차, 분산, 최소값 등 보고자 하는 분석 결과를 선택한 후 계속을 클릭, 확인을 클릭한다.

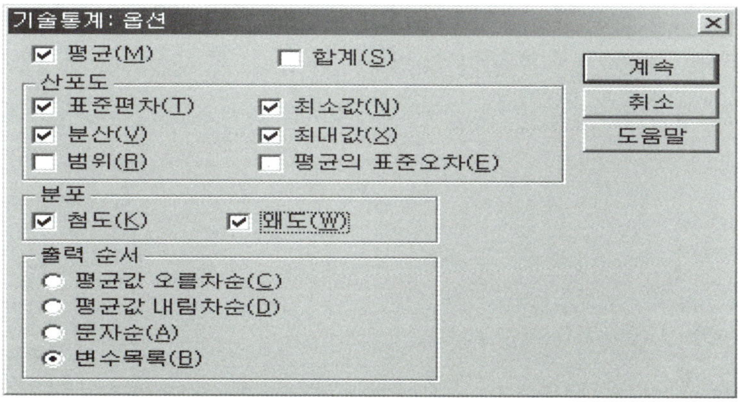

그림 Ⅳ-5 옵션 대화상자

6. 분석 결과 해석

초등학교 학생들의 부모-자녀 관계, 교사-학생 관계, 학생-학생관계를 알아본 결과는 아래와 같고, 결과파일의 파일명을 알기 쉽게 [파일]-[저장]-[다른 이름으로 저장]으로 해서 바꾼다.

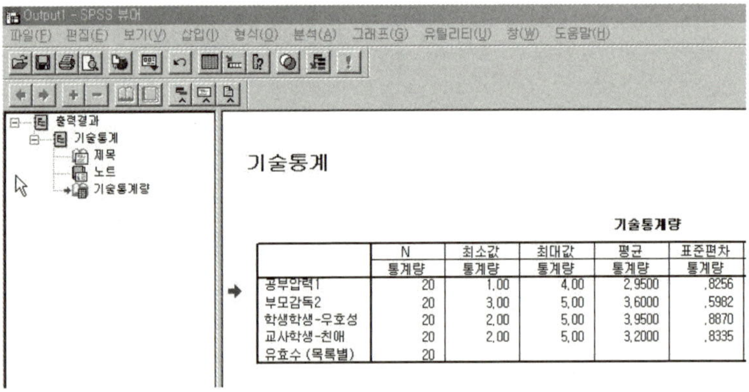

그림 Ⅳ-6 빈도분석 결과 해석

7. 보고서 작성

초등학교 학생 전체 응답자 20명의 공부압력, 부모감독, 교사-학생 관계, 학생-학생 관계에 관한 기술통계 분석결과는 다음과 같다(〈표 Ⅳ-2〉 참조).

표 Ⅳ-2 기술통계 결과 보고서 작성

	N	최소값	최대값	평균	표준편차
공부압력	20	1.00	4.00	2.9500	.8256
부모감독	20	3.00	5.00	3.6000	.5982
학생-학생	20	2.00	5.00	3.9500	.8870
교사-학생	20	2.00	5.00	3.2000	.8335
유효수(목록별)	20				

학생의 부모로부터의 공부압력은 보통, 부모감독은 대체로 그렇다, 학생-학생 관계는 대체로 좋다, 교사-학생 관계는 대체로 좋은 것으로 나타났다.

제3부

초급통계

I 장

빈도분석

1. 개념

빈도분석(Frequency Analysis)은 변수들이 이루는 분포의 특성을 밝히려는 것으로 평균값, 중앙값, 최빈값, 표준편차, 분산 등과 같은 대표치와 최저값, 최고값, 범위, 왜도와 첨도 등의 분포의 특성을 파악하고자 할 때 사용된다.

2. 사용 목적

빈도분석의 사용 목적은 다음과 같다. 첫째, 고급 통계를 실시하기 전에 각 문항의 단순 응답분포(응답률%, 평균 등), 최빈값, 중앙값, 산술평균과 같은 중심화 경향을 나타내는 통계량을 알 수 있다. 둘째, 자료를 입력할 때 잘못 입력한 값들을 찾아내는 데에도 이용된다. 셋째, 여러 종류의 변수를 설명하는 데 필요한 차트, 히스토그램으로 그래픽 처리하는 데 이용된다.

3. 기본 가정

빈도분석에 사용되는 주요 용어와 설명을 살펴보면 다음의 〈표 Ⅰ-1〉과 같다.

표 I-1 주요 용어와 설명

용어	설명
백분위수 값 (Percentile Values)	데이터를 특정 %는 위에 있고 다른 %는 아래에 있도록 집단을 구분하는 양적 변수 값
사분위수 (Quartiles)	0-25, 25-75, 75-100의 집단으로 구분하여 백분위 값 산출
절단점(Cut points for)	케이스들을 같은 크기의 집단으로 나누는 비율값을 의미하며, 2와 100 사이의 양의 정수값을 입력하여 집단을 나눌 수 있음
백분위수 (Percentiles)	사분위수 이외에 다른 원하는 데이터 비율을 보고 싶을 때 사용하며, 0-100 사이의 값을 입력함
변수값 오름차순 (Ascending values)	변수 값을 오름차순으로 보여줌
변수값 내림차순 (Descending values)	변수 값을 내림차순으로 보여줌
빈도값 오름차순 (Ascending counts)	변수 값의 빈도를 오름차순으로 보여줌
빈도값 내림차순 (Descending counts)	변수 값의 빈도를 내림차순으로 보여줌
변수들 비교 (Compare variables)	한 표에 여러 변인의 통계량을 함께 제시하여 변인 간 비교
각 변수별로 출력결과를 나타냄 (Organize output by variables)	변인별로 독립적인 통계량을 표로 제시
표 출력범주 제한 (Suppress tables with more than)	출력되는 빈도표에서 지정한 수만큼 집단을 제한할 수 있음

4. 연구 상황

① 초등학교 학생들의 국어, 수학 과목 중 평균이 높은 과목을 알아보기 위해 빈도분석을 실시한다.

② 빈도분석을 실시한 후 빈도, 평균값과 표준편차값, 최대값, 최소값 등을 알아본다.

5. 실행 과정

가. 빈도분석

SPSS 데이터 편집기에서 [열기]-[데이터]를 클릭한다.

step 1

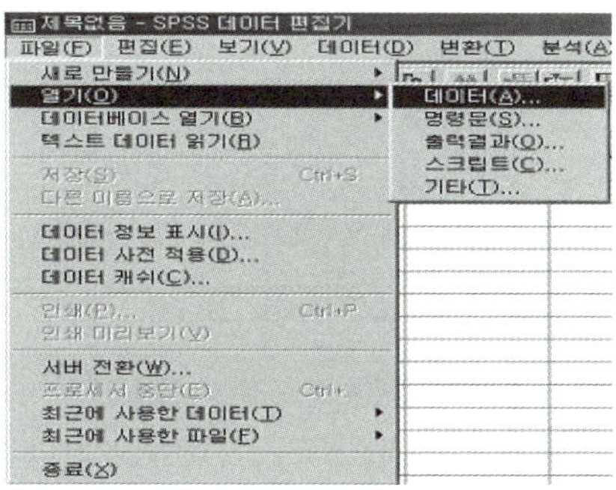

그림 I-1 SPSS 데이터 편집기 열기

step 2

[파일 열기] 대화상자에서 코딩한 데이터 파일을 선택한 후 확인 을 클릭한다.

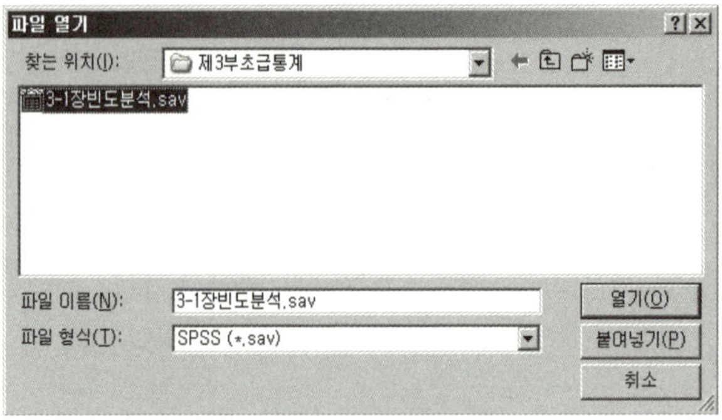

그림 I-2 빈도분석의 파일 열기 대화상자

step 3

[분석]-[기술통계량]-[빈도분석]을 클릭한다.

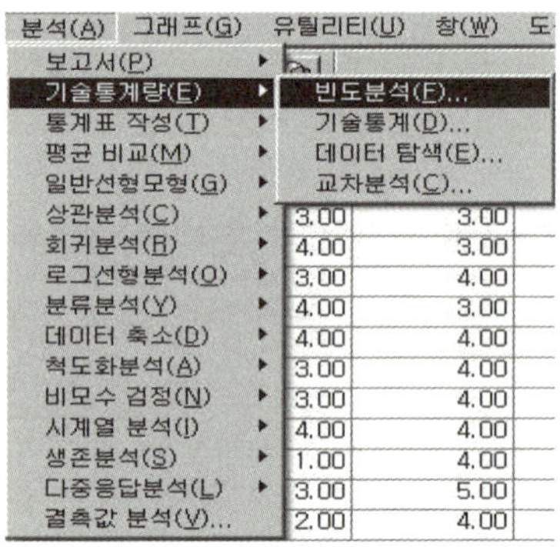

그림 I-3 빈도분석 들어가기

step 4

분석하고자 하는 변수를 클릭하여 ▸를 클릭하여 〈변수〉로 보낸다.

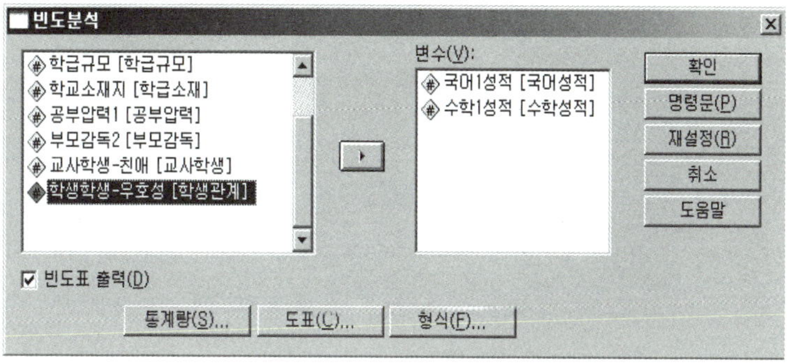

그림 I-4 기술통계 대화상자

step 5

통계량(S)... 을 클릭하고, 백분위수 값, 중심경향, 산포도, 분포 중에서 보고자 하는 분석 결과를 선택한 후 계속 을 클릭한다.

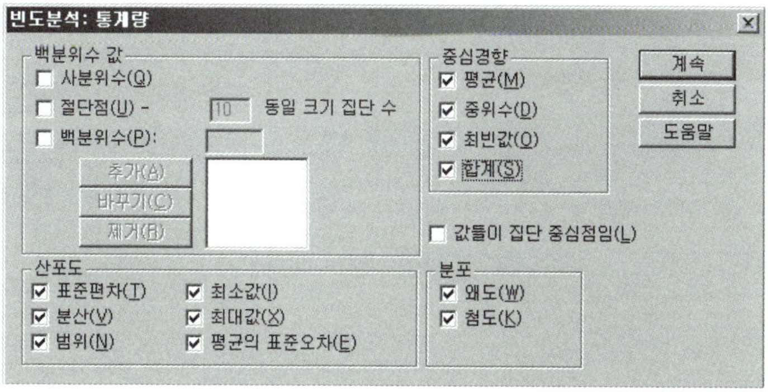

그림 I-5 통계량 대화상자

여기에서 백분위수 값 도표(C)... 를 클릭하면, 아래와 같이 지정않음, 막대도표, 원도표, 히스토그램 등으로 나타내고 싶은 결과를 선택한 후 계속 을 클릭한다.

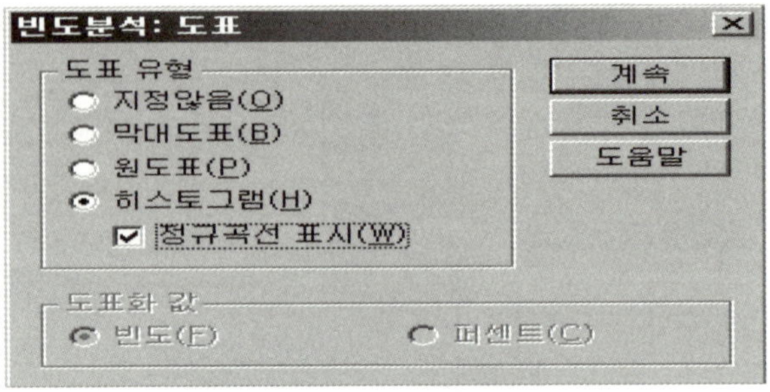

그림 I-6 도표 대화상자

형식(F)... 을 클릭하고, 아래와 같이 출력변수, 다중변수 등에서 나타내고 싶은 결과를 선택한 후 계속 을 클릭한 후 마지막으로 확인 을 클릭하면, 분석결과를 얻을 수 있다.

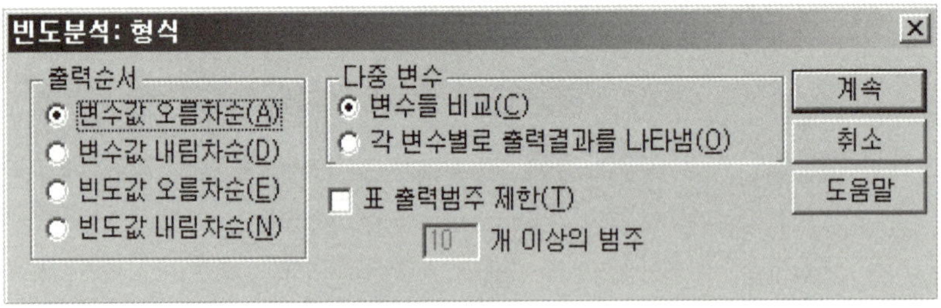

그림 I-7 형식 대화상자

6. 분석 결과 해석

초등학교 학생들의 국어 성적과 수학 성적의 빈도분석 결과는 아래와 같고, 결과파일의 파일명을 알기 쉽게 [파일]-[저장]-[다른 이름으로 저장]으로 해서 바꾼다.

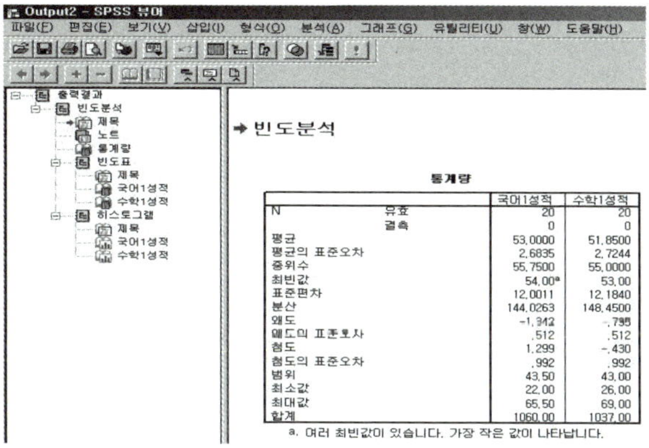

통계량

		국어1성적	수학1성적
N	유효	20	20
	결측	0	0
평균		53.0000	51.8500
평균의 표준오차		2.6835	2.7244
중위수		55.7500	55.0000
최빈값		54.00[a]	53.00
표준편차		12.0011	12.1840
분산		144.0263	148.4500
왜도		-1.342	-.795
왜도의 표준오차		.512	.512
첨도		1.299	-.430
첨도의 표준오차		.992	.992
범위		43.50	43.00
최소값		22.00	26.00
최대값		65.50	69.00
합계		1060.00	1037.00

a. 여러 최빈값이 있습니다. 가장 작은 값이 나타납니다.

국어1성적

		빈도	퍼센트	유효 퍼센트	누적퍼센트
유효	22.00	1	5.0	5.0	5.0
	31.00	1	5.0	5.0	10.0
	34.00	1	5.0	5.0	15.0
	44.00	1	5.0	5.0	20.0
	47.50	1	5.0	5.0	25.0
	52.00	1	5.0	5.0	30.0
	53.00	1	5.0	5.0	35.0
	53.50	1	5.0	5.0	40.0
	54.00	2	10.0	10.0	50.0
	57.50	2	10.0	10.0	60.0
	58.00	1	5.0	5.0	65.0
	60.00	1	5.0	5.0	70.0
	61.00	1	5.0	5.0	75.0
	61.50	1	5.0	5.0	80.0
	64.00	1	5.0	5.0	85.0
	65.00	2	10.0	10.0	95.0
	65.50	1	5.0	5.0	100.0
	합계	20	100.0	100.0	

수학1성적

		빈도	퍼센트	유효 퍼센트	누적퍼센트
유효	26.00	1	5.0	5.0	5.0
	31.00	1	5.0	5.0	10.0
	36.00	1	5.0	5.0	15.0
	37.00	1	5.0	5.0	20.0
	38.00	1	5.0	5.0	25.0
	44.50	1	5.0	5.0	30.0
	53.00	2	10.0	10.0	40.0
	54.00	1	5.0	5.0	45.0
	54.50	1	5.0	5.0	50.0
	55.50	1	5.0	5.0	55.0
	56.50	1	5.0	5.0	60.0
	58.00	1	5.0	5.0	65.0
	59.50	1	5.0	5.0	70.0
	60.50	1	5.0	5.0	75.0
	61.00	1	5.0	5.0	00.0
	61.50	1	5.0	5.0	85.0
	63.50	1	5.0	5.0	90.0
	65.00	1	5.0	5.0	95.0
	69.00	1	5.0	5.0	100.0
	합계	20	100.0	100.0	

그림 I-8 빈도분석 결과 해석

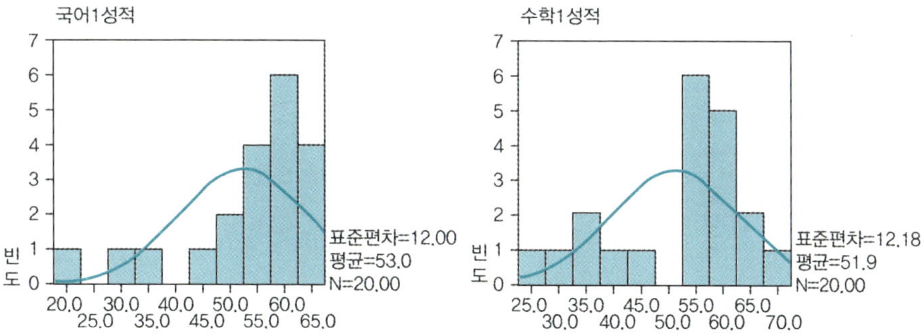

그림 I-9 히스토그램

7. 보고서 작성

초등학교 학생 전체 응답자 20명의 국어성적과 수학성적에 관한 빈도분석 결과는 다음과 같다(〈표 Ⅰ-2〉 참조).

표 Ⅰ-2 빈도분석 결과 보고서 작성

과목	점수	빈도	퍼센트
국어	22.00	1	5.0
	31.00	1	5.0
	34.00	1	5.0
	44.00	1	5.0
	47.50	1	5.0
	52.00	1	5.0
	53.00	1	5.0
	53.50	1	5.0
	54.00	2	10.0
	57.50	2	10.0
	58.00	1	5.0
	60.00	1	5.0
	61.00	1	5.0
	61.50	1	5.0
	64.00	1	5.0
	65.00	2	10.0
	65.50	1	5.0
	합계	20	100.0
	평균	53.0	

과목	빈도	빈도	퍼센트
수학	26.00	1	5.0
	31.00	1	5.0
	36.00	1	5.0
	37.00	1	5.0
	38.00	1	5.0
	44.50	1	5.0
	53.00	2	10.0
	54.00	1	5.0
	54.50	1	5.0
	55.50	1	5.0
	56.50	1	5.0
	58.00	1	5.0
	59.50	1	5.0
	60.50	1	5.0
	61.00	1	5.0
	61.50	1	5.0
	63.50	1	5.0
	65.00	1	5.0
	69.00	1	5.0
	합계	20	100.0
	평균	51.85	

국어 성적과 수학 성적에 대한 빈도분석 결과 국어 점수에 관한 빈도는 54점, 57점, 65점의 빈도가 2로 나타났으며, 수학 점수의 빈도는 53점의 빈도가 2로 나타났다. 국어 성적과 수학 성적을 비교한 결과 국어 평균은 53.0, 수학 평균은 51.85로 국어 평균이 조금 더 높은 것으로 나타났다.

Ⅱ장

교차분석

1. 개념

교차분석(Crosstabulation Analysis)은 모집단의 차이나 변수들 간의 관계를 알아보기 위해 두 가지 이상의 유목 변인을 교차시켜 각각의 사례로 분할하여 그 빈도를 표시하는 것을 말한다.

2. 사용 목적

교차분석은 하나의 변수에 대한 빈도만을 나타내는 빈도분석과는 달리 둘 이상의 변수에 대한 빈도를 동시에 나타내어 주는 기법이다.

3. 기본 가정

첫째, 교차분석은 관측 빈도와 기대 빈도 간의 차이에서 얻어지는 통계량인 χ^2(Chi-Square) 값을 측정한다.

둘째, χ^2 값이 크면 관측 빈도와 기대 빈도 간의 차이가 크며, 두 변수 간의 상관관계가 크다는 것을 의미한다.

셋째, χ^2 검증은 전체 사례 수가 20 이상이고, 기대 빈도가 5 이상인 경우에 활용할 수 있다.

넷째, 교차분석한 결과 각 셀의 수치는 관측 빈도, 기대 빈도, 행 백분율, 열 백분율, 백분율 등으로 나타나며, 해석에 있어서 중요한 것은 열(row) 백분율이다.

4. 연구 상황

교사의 교육경력에 따른 교사－학생 관계와의 연관성을 분석하고자 한다. 즉 교사의 교육경력과 교사－학생 관계는 독립적인지(관계 없음), 서로 연관이 있는지를 알아본다.

5. 실행 과정

가. 교차분석

step 1

[분석]－[기술통계]－[교차분석]을 클릭한다.

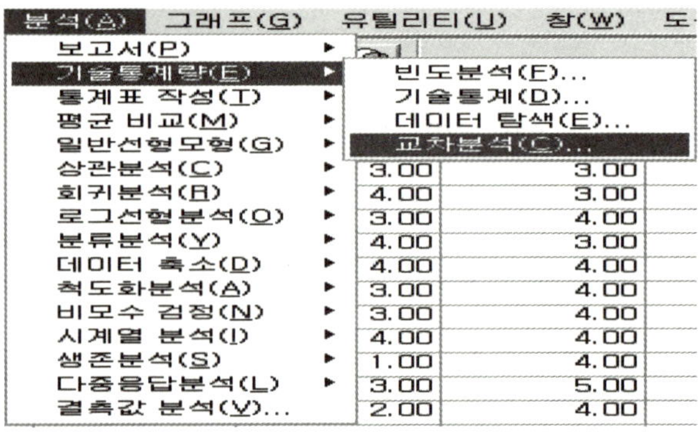

그림 Ⅱ-1 교차분석 들어가기

step 2

교차분석 대화상자에서 왼쪽의 교육경력을 선택하여 오른쪽의 행(O, 독립변수)에 교사-학생 관계 측정 변인을 열(C)로 보낸다.

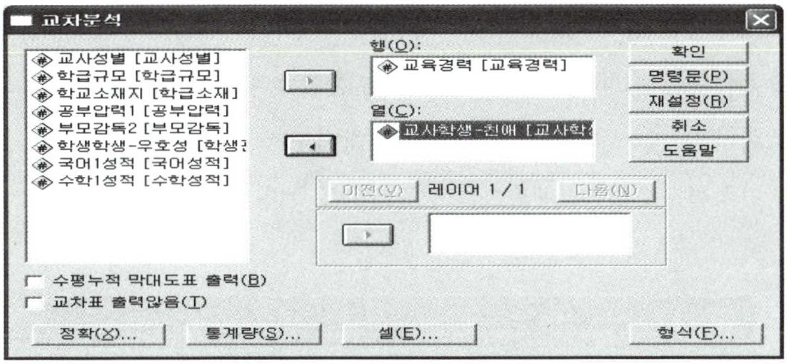

그림 Ⅱ-2 교차분석 대화상자

step 3

아래에 있는 통계량(S)... 을 클릭한 후 카이제곱과 상관관계만을 옵션으로 선택한 후 계속 을 클릭한다. 이때 카이제곱은 대응 변인 간의 집단 간 경향성을 보고하고, 상관관계는 두 대응 변인 간의 상관분석표를 제시한다.

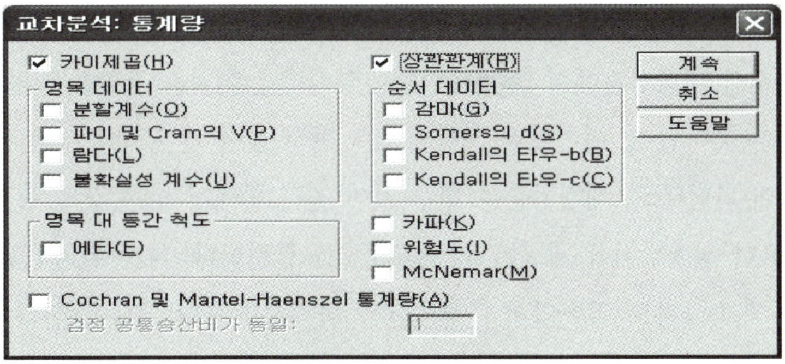

그림 Ⅱ-3 통계량 대화상자

step 4

교차분석 대화상자에서 통계량(S)... 메뉴 옆에 셀(E)... 을 클릭한 후 관측빈도, 기대빈도, 행, 열, 전체를 체크한 후 계속 을 클릭한다.

이때 관측빈도는 실제 관측된 사례의 빈도수를 의미하며, 기대빈도는 기대빈도수를 의미한다. 퍼센트에서 행을 체크하면 행의 합 백분율, 열을 체크하면 열의 합 백분율, 전체를 체크하면 각 셀 총합의 백분율이 제시된다. 잔차에서는 표준화하지 않음은 관측빈도에서 기대빈도를 뺀 값이 제시되고, 표준화는 표준화 잔차를, 수정된 표준화는 조정된 표준화 잔차를 제시한다.

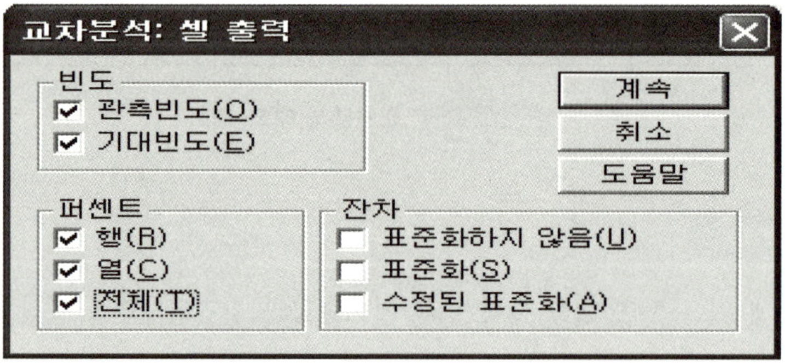

그림 Ⅱ-4 교차분석 셀출력 대화상자

step 5

교차분석 대화상자에서 통계량(S)... 메뉴 옆에 형식(F)... 을 클릭하면 표 형식 대화상자가 나타난다. 여기에서 오름차순은 변수 값이 낮은 값에서 높은 값으로 정렬되어 나타나고, 내림차순은 변수 값이 높은 곳에서 낮은 값으로 정렬이 된다. 필요한 정렬방식을 체크한 후 계속 을 클릭한다. 다시 위의 [그림 Ⅱ-3] 통계량 대화상자로 돌아와서 확인 을 클릭하면 교차분석이 실행이 된다.

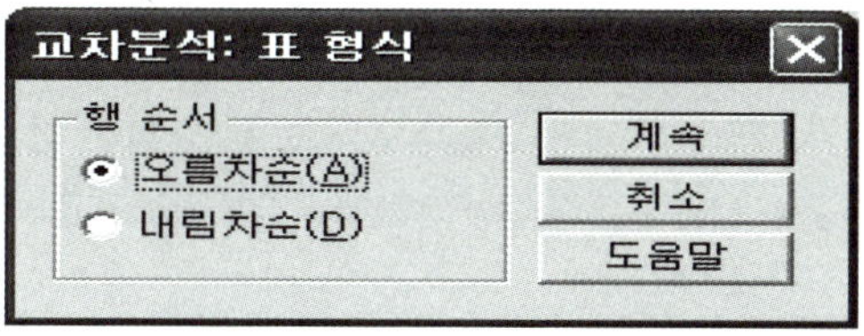

그림 Ⅱ-5 표 형식 대화상자

6. 분석 결과 해석

교차분석을 실시한 후 〈표 Ⅱ-1〉과 같이 케이스 처리 요약이 제시된다. 교차분석에 동원된 전체 케이스는 20이고, 결측치는 없는 것으로 나타나고 있다.

표 Ⅱ-1 케이스 처리 요약

	케이스					
	유효		결측		전체	
	N	퍼센트	N	퍼센트	N	퍼센트
교육경력 * 교사학생-친애	20	100.0%	0	.0%	20	100.0%

표 Ⅱ-2 교육경력*교사-학생관계 교차표

			교사학생-친애				전체
			그렇지 않다	보통 이다	그런 편 이다	매우 그렇다	
교육경력	5-10년	빈도	0	1	0	0	1
		기대빈도	.2	.6	.2	.1	1.0
		교육경력의 %	.0%	100.0%	.0%	.0%	100.0%
		교사학생-친애의 %	.0%	8.3%	.0%	.0%	5.0%
		전체 %	.0%	5.0%	.0%	.0%	5.0%
	11-20년	빈도	3	10	3	1	17

			교사학생-친애				전체
			그렇지 않다	보통이다	그런 편이다	매우 그렇다	
		기대빈도	2.6	10.2	2.6	1.7	17.0
		교육경력의 %	17.6%	58.8%	17.6%	5.9%	100.0%
		교사학생-친애의 %	100.0%	83.3%	100.0%	50.0%	85.0%
		전체 %	15.0%	50.0%	15.0%	5.0%	85.0%
	20년 이상	빈도	0	1	0	1	2
		기대빈도	.3	1.2	.3	.2	2.0
		교육경력의 %	.0%	50.0%	.0%	50.0%	100.0%
		교사학생-친애의 %	.0%	8.3%	.0%	50.0%	10.0%
		전체 %	.0%	5.0%	.0%	5.0%	10.0%
전체		빈도	3	12	3	2	20
		기대빈도	3.0	12.0	3.0	2.0	20.0
		교육경력의 %	15.0%	60.0%	15.0%	10.0%	100.0%
		교사학생-친애의 %	100.0%	100.0%	100.0%	100.0%	100.0%
		전체 %	15.0%	60.0%	15.0%	10.0%	100.0%

위의 〈표 Ⅱ-2〉 교차표에는 교사의 교육경력에 따른 교사-학생관계에 대한 데이터가 제시되어 있다. 교직경력 5-10년 중 '보통이다'에 응답한 내용을 중심으로 살펴보면 빈도에 제시된 데이터는 관측빈도를, 기대빈도, 교육경력의 %는 행 백분율, 교사학생-친애의 %는 열 백분율, 전체 %는 전체 백분율을 나타내며, 특히 열 백분율을 관심 있게 보아야 한다.

관측 빈도는 교직경력이 5-10년인 교사 중 '보통이다'에 응답한 교사가 전체 12명 중에 1명임을 의미하며, 교육경력의 %는 가로 백분율로 교육경력 5-10년인 교사가 '보통이다'에 응답한 전체 백분비 100%를 의미한다.

교사학생-친애 %는 세로 백분율로 '보통이다'에 응답한 12명 중 1명의 백분비인 8.3%를 나타낸다. 전체 %는 전체 응답교사인 20명 중 1명의 백분비인 5.0%를 나타낸다.

표 Ⅱ-3 카이제곱 검정

	값	자유도	점근 유의확률 (양쪽검정)
Pearson 카이제곱	4.951(a)	6	.550
우도비	4.369	6	.627
선형 대 선형결합	1.581	1	.209
유효 케이스 수	20		

(a) 11 셀 (91.7%)은(는) 5보다 작은 기대 빈도를 가지는 셀입니다. 최소 기대빈도는 .10입니다.

〈표 Ⅱ-3〉을 보면 Pearson 카이제곱 값이 4.951이고 자유도가 6일 때 점근 유의확률이 .550이므로 유의도 5% 수준에서 무의미하다는 것을 의미한다. 이는 두 변수인 교사의 교직 경력에 따른 교사-학생의 관계는 서로 관련이 없음을 의미한다.

표 Ⅱ-4 대칭적 측도

		값	점근 표준오차(a)	근사 T 값(b)	근사 유의확률
구간척도 대 구간척도	Pearson의 R	.288	.217	1.278	.217(c)
순서척도 대 순서척도	Spearman 상관	.233	.192	1.018	.322(c)
유효 케이스 수		20			

a 영가설을 가정하지 않음.
b 영가설을 가정하는 점근 표준오차 사용
c 정규 근사법 기초

〈표 Ⅱ-4〉를 보면 각 척도에 대한 Pearson 및 Spearman의 상관관계 값을 보여주고 있다.

7. 보고서 작성

교사의 교직경력에 따라 교사-학생 관계와의 관계를 분석한 결과 서로 관련성이 없는 것으로 나타났다(〈표 Ⅱ-5〉 참조).

표 Ⅱ-5 교사의 교직경력에 따른 교사-학생 관계간의 교차분석(%)

		교사학생-친애				전체
		그렇지 않다	보통 이다	그런 편 이다	매우 그렇다	
교육 경력	5-10년	·	1(5.0)	·	·	1(5.0)
	11-20년	3(15.0)	10(50.0)	3(15.0)	1(5.0)	17(85.0)
	20년 이상	·	9(5.0)	·	1(5.0)	2(10.0)
전체		3(15.0)	12(60.0)	3(15.0)	2(10.0)	20(100)

Pearson 카이제곱=4.951, df=6, p= .550

교사의 교육경력에 따른 교사-학생 관계를 살펴본 결과 교육경력이 5-10년은 '보통이다'에 1명(5.0%), 11-20년은 '그렇지 않다'에 3명(15.0%), '보통이다'에 10명(50.0%), 3명(15.0%), '매우 그렇다'에 1명(5.0%), 20년 이상은 '보통이다'에 9명(5.0%), '매우 그렇다'에 1명(5.0%)의 순으로 응답을 하였다.

Ⅲ장

t-검증

1. 개념

t-검증(t-test)은 두 집단 간의 평균이 통계적으로 유의미한 차이가 있는지를 검증하기 위해 사용된다.

2. 사용 목적

t-검증은 프로그램 실시 전·후의 평균비교, 실험집단과 통제집단의 실험효과성의 차이 검증, 통계치 차이의 유의도 검증 등에 주로 사용된다.

t-검증의 종류에는 하나의 모집단에서 추출된 하나의 표본에 대해 검증하는 단일 표본 t 검증(one samples st-test), 두 집단 간의 평균의 차이가 통계적으로 유의미한지를 살펴보는 독립 표본 t-검증(independent samples t-test), 동일한 모집단으로부터 추출된 두 변수의 평균값을 비교·분석하는 대응 표본 t-검증(paired samples t-test)이 있다.

3. 기본 원리

t-검증은 일반적으로 비교하는 두 집단이 독립표집인 경우와 종속표집인 경우로 구분한다.

독립표집인 경우는 수학 성적을 학급별로 비교하고자 할 경우 A학급을 표집하고, B학급을 표집하는 경우는 독립표집에 해당된다. 종속표집은 두 집단의 차이를 확인하기 위해 반복측정을 하는 경우로, 반복측정은 한 집단을 대상으로 사전검사와 사후검사를 실시하여 비교하거나 한 집단을 반복하여 측정하는 경우에 해당된다.

4. 연구 상황

① 대도시와 읍면지역 초등학생들의 국어과 학업성취도에는 차이가 있을까?
② 방과후 교육활동 프로그램이 성별에 따른 만족도에 차이가 있을까?

5. 실행 과정

가. 독립 표본 t-검증

step 1

데이터 편집기에서 데이터를 불러온 후 [분석]-[평균비교]-[독립표본 T검정]을 클릭한다.

그림 Ⅲ-1 독립표본 T검정 들어가기

step 2

종속변수인 국어성적을 선택하여 검정변수(T)로 보낸다. 독립변수인 학교소재를 집단변수(G)로 보낸다.

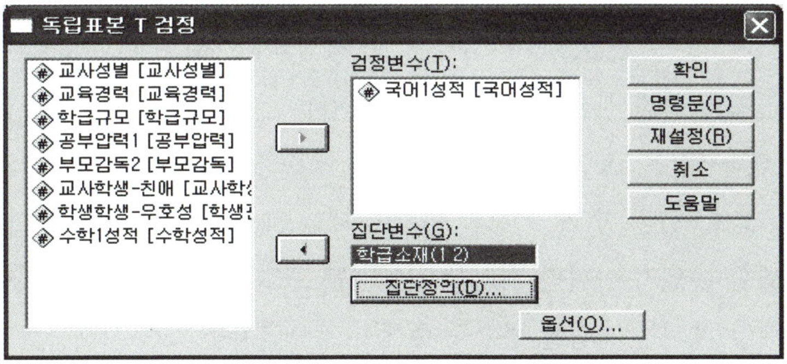

그림 Ⅲ-2 독립표본 T검정 대화상자

step 3

위의 독립표본 T검정 대화상자에서 집단정의(D)...를 클릭하면 아래와 같이 지역을 정의한 값으로 집단1에는 1(읍면지역)을, 집단2에는 2(도시지역)을 입력한 후 계속을 클릭한다.

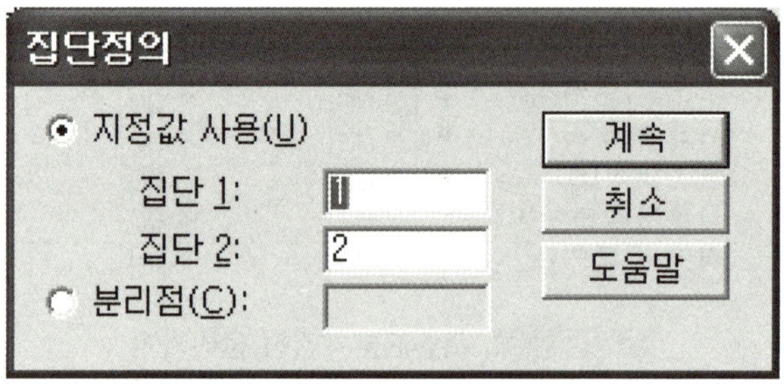

그림 Ⅲ-3 집단정의 대화상자

step 4

다시 위의 독립표본 T검정 대화상자에서 옵션(O)...을 클릭하면 아래와 같이 옵션 대화상자가 나타난다. 여기에서 신뢰구간을 일반적으로 95%로 설정하고, 결측값을 체크한 후 계속을 클릭한 후 독립표본 T검정 대화상자로 돌아와서 확인을 클릭하면 분석결과가 제시된다.

이때 신뢰구간은 연구자가 임의로 신뢰 수준을 입력할 수 있으며, 결측값(Missing Values)은 한 개 이상의 변수에 대한 데이터가 없을 경우 어떤 케이스를 포함할 것인지 아니면 제외할 것인지를 프로시저에 알려주는 것이다. 분석별 결측값 제외는 검정할 변수들 중에서 무응답치를 가진 사례들을 해당 변수의 분석에서 제외하는 것이고, 목록별 결측값 제외는 검정할 변수들 중에서 무응답치를 가진 경우 그 사례는 모든 분석에서 제외시키는 것이다.

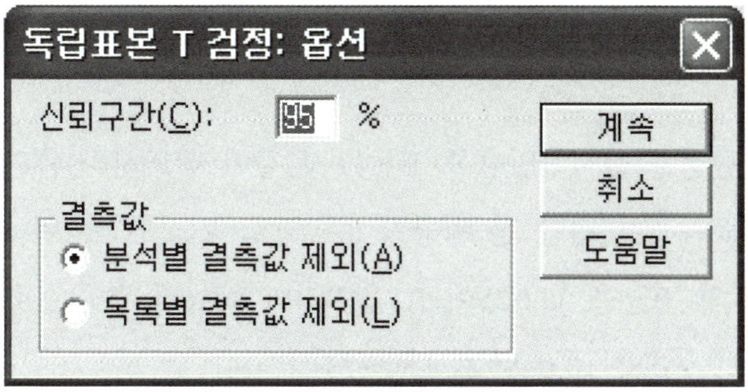

그림 Ⅲ-4 옵션 대화상자

step 5

프로그램이 실행되면서 아래와 같은 결과가 나오면 저장해 두면 된다.

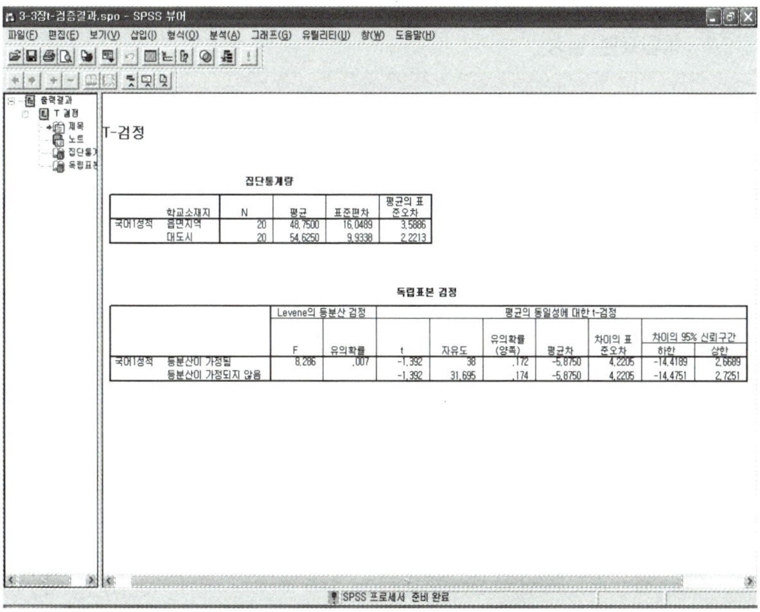

	학교소재지	N	평균	표준편차	평균의 표준오차
국어1성적	읍면지역	20	48.7500	16.0489	3.5886
	대도시	20	54.6250	9.9338	2.2213

		Levene의 등분산 검정		평균의 동일성에 대한 t-검정						
		F	유의확률	t	자유도	유의확률 (양쪽)	평균차	차이의 표준오차	차이의 95% 신뢰구간 하한	차이의 95% 신뢰구간 상한
국어1성적	등분산이 가정됨	8.286	.007	-1.392	38	.172	-5.8750	4.2205	-14.4189	2.6689
	등분산이 가정되지 않음			-1.392	31.695	.174	-5.8750	4.2205	-14.4751	2.7251

그림 Ⅲ-5 독립표본 T검정 출력 결과

6. 분석 결과 해석

독립표본 검정을 실시하면 〈표 Ⅲ-1〉과 같이 대도시와 읍면지역의 국어과 학업성취도를 측정한 집단 간 평균차이에 대한 기술통계량이 제시된다. 대도시 지역 학생의 평균은 54.625이고, 읍면지역 학생의 평균은 48.75이며, 표준편차는 각각 9.9338, 16.0489로 나타났다.

표 Ⅲ-1 집단 통계량

	학교 소재지	N	평균	표준편차	평균의 표준오차
국어1 성적	읍면지역	20	48.7500	16.0489	3.5886
	대도시	20	54.6250	9.9338	2.2213

표 Ⅲ-2 독립표본 검정

		Levene의 등분산 검정		평균의 동일성에 대한 t-검정						
		F	유의확률	t	자유도	유의확률(양쪽)	평균차	차이의 표준오차	차이의 95% 신뢰구간 하한	차이의 95% 신뢰구간 상한
국어1 성적	등분산이 가정됨	8.286	.007	-1.392	38	.172	-5.8750	4.2205	-14.4189	2.6689
	등분산이 가정되지 않음			-1.392	31.695	.174	-5.8750	4.2205	-14.4751	2.7251

위의 〈표 Ⅲ-2〉 독립표본 검정에는 Levene의 등분산 검정 결과 F값이 8.286이고, 유의도 .007(p〉.05)이므로 두 집단의 분산이 동질하지 않다고 할 수 있다. 따라서 "등분산이 가정되지 않음"의 검증 통계량을 사용하여야 하며, 만약 유의도가 유의하지 못하면 "등분산이 가정됨"을 가지고 해석해야 한다.

분석결과 t값은 -1.392, 유의도가 .174(p〉.05)로 t검증 결과가 통계적으로 의의가 없는 것으로 나타났다.

따라서, 국어과 학업성취에 있어 대도시와 읍면지역 간의 차이는 없다.

7. 보고서 작성

교사의 교직경력에 따라 교사-학생 관계와의 관계를 분석한 결과 서로 관련성이 없는 것으로 나타났다(〈표 Ⅲ-3〉 참조).

표 Ⅲ-3 교사의 교직경력에 따른 교사-학생 관계 간의 차이(%)

종속변수	독립변수	N	평균	표준편차	t
학업성취도	읍면지역	20	48.75	16.0489	-1.392
	대도시	20	54.625	9.9338	

*p〈.05, **p〈.01

t값이 -1.392이고, 유의 확률이 .174로 유의도 5% 수준에서 무의미하므로 두 집단의 평균이 동일하다고 볼 수 있다. 따라서 교사의 교직경력에 따른 교사-학생 관계 간의 차이가 없는 것으로 나타났다.

Ⅳ장

상관분석

1. 개념

상관분석(Correlation Analysis)은 서열척도, 비율척도, 등간척도로 측정된 두 변수 간의 상관 관계가 있는지를 측정하는 것이다.

2. 사용 목적

하나의 변수가 다른 변수와 어떤 밀접한 관련성을 갖고 변화하는지를 알아보기 위하여 사용한다.

3. 기본 원리

상관분석에서 변수 간의 관계의 정도와 방향을 수치로 요약해 주는 지수를 상관 계수라고 한다. 상관 계수는 -1.00에서 +1.00 사이의 값을 가지며, 상관 계수의 절대값이 높을수록 두 변수 간의 상관 관계가 높다고 할 수 있다. 일반적으로 ±0.4에서 ±0.7 사이에 있으면 상관 관계가 있다고 본다.

한 변수 측정값이 증가할 때 다른 변수의 값도 증가하면 두 변수 사이에 정적 상관(+)이 있다고 하고, 한 변수의 측정값이 증가할 때 다른 변수의 측정값이 감소하면 두 변수 사이에 부적 상관(−)이 있다고 한다.

4. 연구 상황

① 학생들의 교사-학생 관계와 학생-학생 관계가 교사의 성별과는 어떤 관련성이 있는가?

② 학생의 학업성취에 영향을 미치는 가정배경, 학교배경, 지역사회배경은 각각 어떤 상관을 보이는가?

5. 실행 과정

가. 상관 관계 분석

step 1

데이터 편집기에서 데이터를 불러온 후 [분석]-[상관분석]-[이변량 상관계수]를 클릭한다.

그림 Ⅳ-1 상관분석 들어가기

step 2

변수에 교사성별, 교사-학생관계, 학생-학생관계를 선택하여 이동시킨다. 아래의 대화상자에서 상관계수에서 일반적으로 데이터가 서열 척도일 경우에는 Spearman을 체크하고, 일반적으로는 많은 상관계수들이 Pearson 적률상관계수를 변형한 것이므로 Pearson 상관계수를 체크한다.

유의성 검정에서 양쪽은 기본설정으로 되어 있는데 사례가 탐험적인 데이터 분석에서 관련성의 방향이 미리 정해지지 않은 경우에 체크하고, 한쪽은 짝을 형성하는 변수 간의 관련성의 방향이 분석 전에 제시될 때 체크하면 된다.

유의한 상관계수 별표시는 유의수준이 0.05에는 별 한 개(*), 0.01 수준에서는 별 두 개(**)로 표시된다.

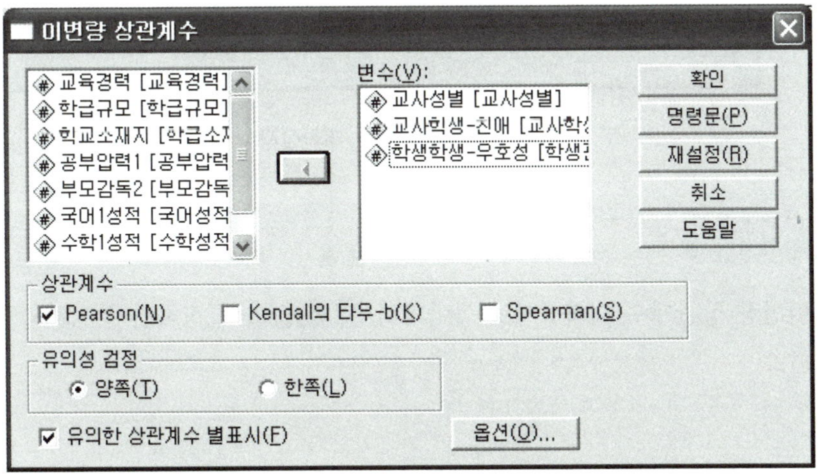

그림 Ⅳ-2 단순 상관의 이변량 상관계수 대화상자

step 3

위의 이변량 상관 계수 대화상자에서 옵션(O)...을 클릭하고, 아래와 같이 필요한 부분을 체크한 후 계속을 클릭한다.

옵션 대화상자에서 통계량에서 평균과 표준편차를 체크하면 각 변수에 대한 평균과 표준편차 값을, 교차곱 편차와 공분산을 체크하면 교차곱 편차와 공분산을 구해주며, 결측값에서 대응별 결측값 제외를 체크하면 분석하는 두 변수 중 하나의 변수에 결측치가 있는 경우 분석에서 제외하며, 목록별 결측값 제외는 결측치가 있는 경우 분석에서 제외하게 된다.

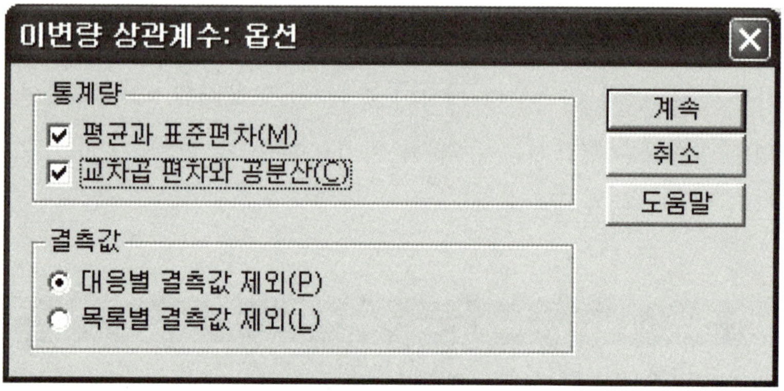

그림 Ⅳ-3 옵션 대화상자

step 4

이변량 상관계수 대화상자로 돌아와서 확인 을 클릭하면 분석결과가 제시된다.

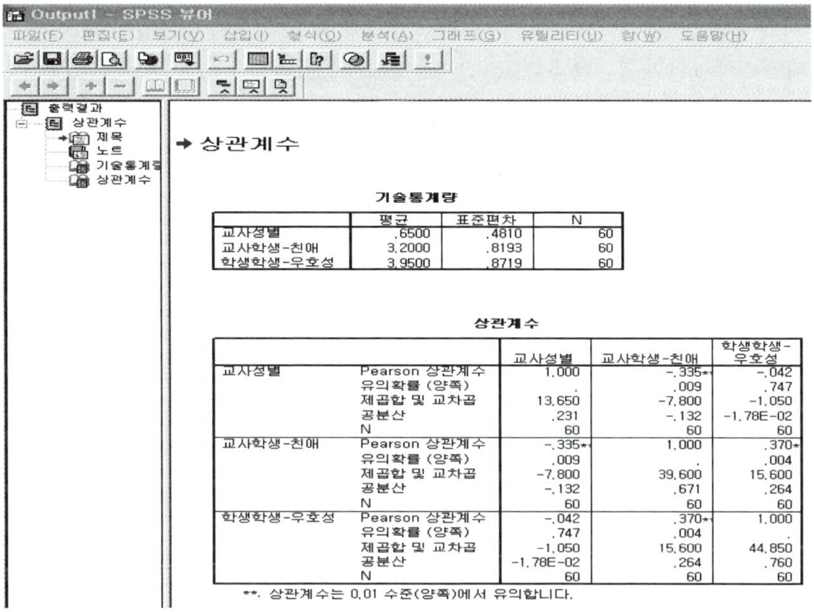

기술통계량

	평균	표준편차	N
교사성별	.6500	.4810	60
교사학생-친애	3.2000	.8193	60
학생학생-우호성	3.9500	.8719	60

상관계수

		교사성별	교사학생-친애	학생학생-우호성
교사성별	Pearson 상관계수	1.000	-.335**	-.042
	유의확률 (양쪽)	.	.009	.747
	제곱합 및 교차곱	13.650	-7.800	-1.050
	공분산	.231	-.132	-1.78E-02
	N	60	60	60
교사학생-친애	Pearson 상관계수	-.335**	1.000	.370**
	유의확률 (양쪽)	.009	.	.004
	제곱합 및 교차곱	-7.800	39.600	15.600
	공분산	-.132	.671	.264
	N	60	60	60
학생학생-우호성	Pearson 상관계수	-.042	.370**	1.000
	유의확률 (양쪽)	.747	.004	.
	제곱합 및 교차곱	-1.050	15.600	44.850
	공분산	-1.78E-02	.264	.760
	N	60	60	60

**. 상관계수는 0.01 수준(양쪽)에서 유의합니다.

그림 Ⅳ-4 이변량 상관계수 출력결과

6. 분석 결과 해석

〈표 Ⅳ-1〉은 교사성별, 교사-학생관계, 학생-학생관계 변수에 대한 평균 및 표준편차가 제시되어 있다. 교사성별의 평균은 .65이고, 교사-학생관계 평균은 3.2, 학생-학생관계는 3.95임을 알 수 있다.

표 Ⅳ-1 기술통계량

	평균	표준편차	N
교사성별	.6500	.4810	60
교사학생-친애	3.2000	.8193	60
학생학생-우호성	3.9500	.8719	60

아래의 〈표 Ⅳ-2〉 상관계수에는 교사성별과 교사-학생관계, 학생-학생관계의 상관관계를 나타내고 있다. 교사성별과 교사-학생관계의 상관은 -.335이고 유의도는 .009로 유의도 1%에서 유의한 상관을 보이고 있고, 교사성별과 학생-학생관계의 상관은 -.042이고, 유의도는 .747로 상관이 없는 것으로 나타났다. 교사-학생관계와 학생-학생관계의 상관은 .370이고 유의도는 .004로 유의도 1%에서 유의한 상관을 보이고 있다.

표 Ⅳ-2 상관계수

		교사성별	교사학생-친애	학생학생-우호성
교사성별	Pearson 상관계수	1.000	-.335(**)	-.042
	유의확률 (양쪽)	.	.009	.747
	제곱합 및 교차곱	13.650	-7.800	-1.050
	공분산	.231	-.132	-1.780E-02
	N	60	60	60
교사학생-친애	Pearson 상관계수	-.335(**)	1.000	.370(**)
	유의확률 (양쪽)	.009	.	.004
	제곱합 및 교차곱	-7.800	39.600	15.600
	공분산	-.132	.671	.264
	N	60	60	60
학생학생-우호성	Pearson 상관계수	-.042	.370(**)	1.000
	유의확률 (양쪽)	.747	.004	.
	제곱합 및 교차곱	-1.050	15.600	44.850
	공분산	-1.780E-02	.264	.760
	N	60	60	60

* 상관계수는 0.05 수준(양쪽)에서 유의합니다.
** 상관계수는 0.01 수준(양쪽)에서 유의합니다.

7. 보고서 작성

교사의 성별에 따른 교사-학생관계는 유의도 1%에서 음의 상관관계를 보이고 있다. 이는 여교사가 남교사보다 교사-학생관계에 보다 많이 관련된다는 것을 말해주며, 교사성별과 학생-학생관계의 상관은 무의미하게 나타나고 있다. 특히 코딩을 할 때 남자는 1, 여자는 0을 입력하였기 때문에 음의 상관이 나온 경우는 여교사와 관련이 되어 있음을 알 수 있다(〈표 Ⅳ-3〉 참조).

표 Ⅳ-3 교사성별에 따른 교사-학생관계, 학생-학생관계와의 상관관계

구분	교사성별	교사-학생관계	학생-학생관계
교사성별	1		
교사-학생관계	-.335**	1	
학생-학생관계	-.042	.370**	1

*p〈.05, **p〈.01

V 장

변량분석

1. 개념

변량분석(Analysis of variance: ANOVA)은 t-검증이 두 가지 종류의 점수들을 비교해 주기 때문에 현실적으로 두 조건 이상의 실험을 설계하여 모든 가능한 차이를 검증하기 위해서는 여러 번의 t-검증을 시행해야 하는 단점을 극복하기 위하여 고안된 방법이다.

2. 사용 목적

변량분석은 둘 이상의 집단들 간에 어떤 변수의 평균점수에 차이가 있는 것을 검증하는 것으로 ANOVA, 분산 분석, F-검증, F-분석으로도 불린다.

변량분석은 독립 변수의 수에 따라 하나의 독립 변수와 종속변수 간의 관계를 분석하는 일원변량 분석과 둘 이상의 독립 변수들과 종속변수 간의 관계를 분석하는 이원변량 분석이 있다.

3. 기본 원리

변량분석(ANOVA)은 모집단의 변량이 모두 동일하고, 정상분포를 이루고 있어야 하며, 종속변인은 간격 또는 비율 척도이어야 한다. 또한 독립집단 설계의 경우 각 집단이 모집단으로부터 무선 표집되어야 한다.

변량분석을 하려면 첫째, 표본 평균 사이의 분산으로부터 모집단 분산의 첫 번째 추정치를 결정해야 하고, 둘째, 표본 내 분산으로부터 모집단 분산의 두 번째 추정치를 결정하고, 셋째, 두 추정치를 비교하며 유사한 값은 가지면 귀무가설이 채택된다.

4. 연구 상황

① 아버지의 평균 수입에 따라 초등학생들의 학업성취에는 차이가 있는가?
② 부모의 학력과 소득수준이 초등학생들의 학업성취에 차이가 있는가?

5. 실행 과정

가. 일원배치 분산 분석

step 1

데이터 편집기에서 데이터를 불러온 후 [분석]-[평균비교]-[일원배치 분산 분석]를 클릭한다.

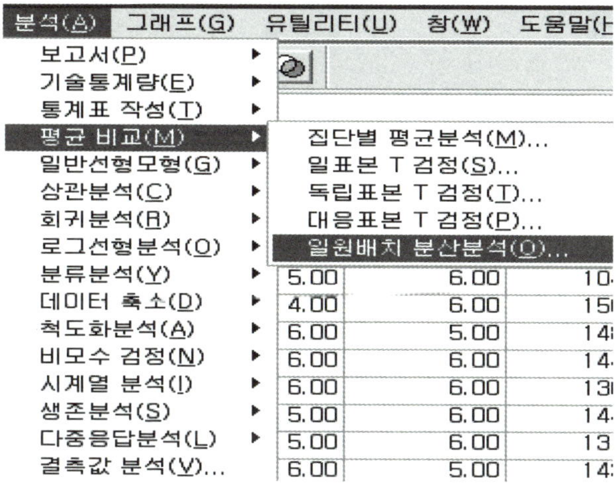

그림 Ⅴ-1 변량분석 들어가기

step 2

요인(F)에는 독립 변수인 평균수입을, 종속변수에는 성적합계를 왼쪽 셀에서 선택하여 넣는나.

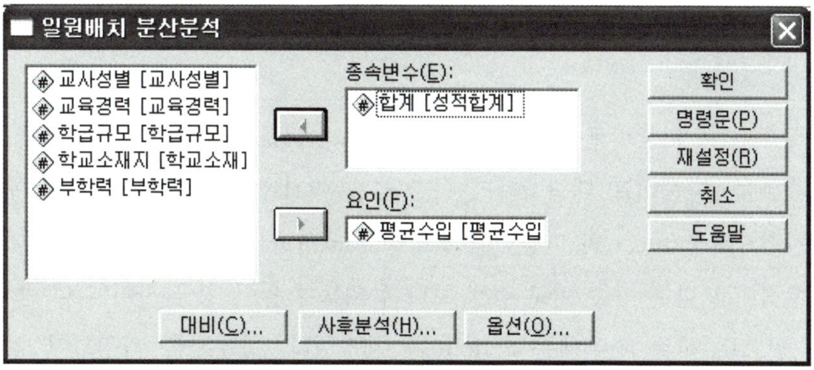

그림 Ⅴ-2 일원배치 분산분석 대화상자

step 3

위의 일원배치 분산분석 대화상자에서 대비(C)... 를 클릭하면 아래와 같이 대비 대화상자가 나타난다. 다항식을 체크한 후 계속 을 클릭한다.

다항식은 집단간 자승합을 다항식으로 계산한 것이고 1차는 1차 다항식을 2차는 2차 다항식을 의미한다. 계수는 사전 분석에서 대비할 집단의 가중치를 의미한다.

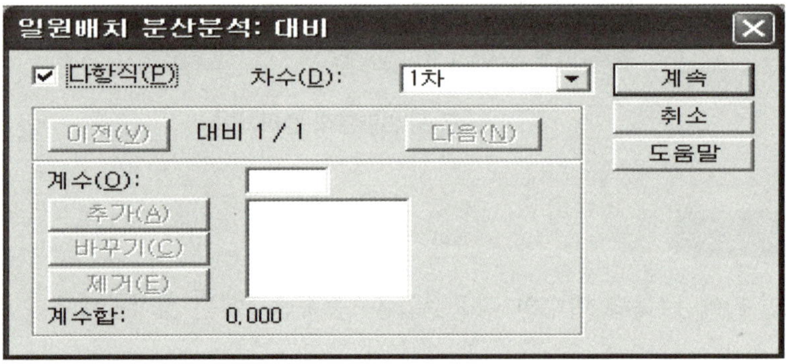

그림 V-3 대비 대화상자

step 4

사후분석-다중비교 대화상자로 돌아와서 사후분석(H)... 을 클릭하면 아래와 같이 사후분석-다중비교 대화상자가 나타난다. 여기에서 등분산을 가정함에서는 일반적으로 Duncan의 다중범위 검정을 체크하고, 평균의 대응비교에 대하여 부수적이고 다른 다중 비교 검정 보다 유의도에 있어 평균 사이의 더 큰 차이를 필요로 하는 경우에는 Scheffe를 체크한다. 등분산을 가정하지 않음은 Dunnett T3를 체크한 후 계속 을 클릭한다.

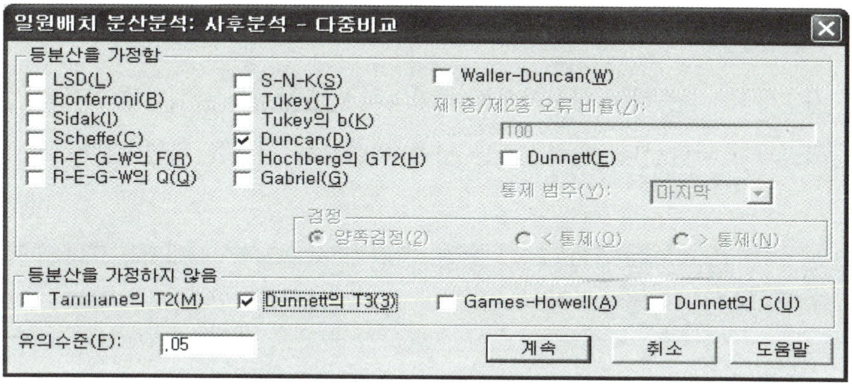

그림 V-4 사후분석-다중비교 대화상자

step 5

사후분석-다중비교 대화상자로 돌아와서 옵션(O)... 을 클릭하면 옵션 대화상자가 나타난다. 여기에서 기술통계는 케이스 수, 평균 등에 대한 각 집단에 대한 종속변수의 95% 신뢰구간을 계산하며, 분산의 동질성은 Levene의 통계량을 계산하고, 결측값은 무응답치를 가진 케이스는 모든 분석에서 제외시키는 것을 의미한다.

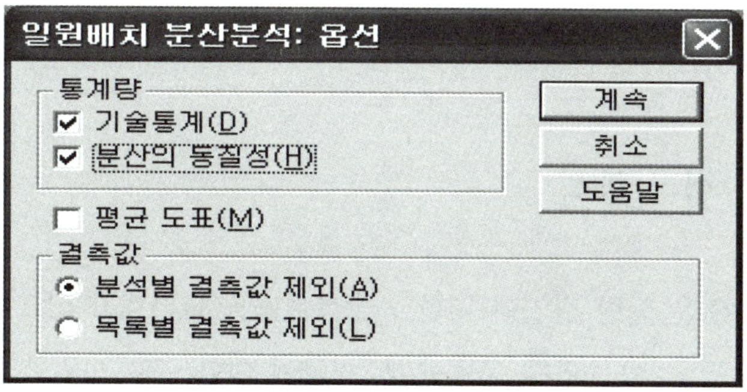

그림 V-5 옵션 대화상자

step 6

사후분석-다중비교 대화상자로 돌아와서 확인 을 클릭하면 아래와 같은 출력결과가 나타난다. 출력결과를 다른 이름으로 저장을 하면 된다.

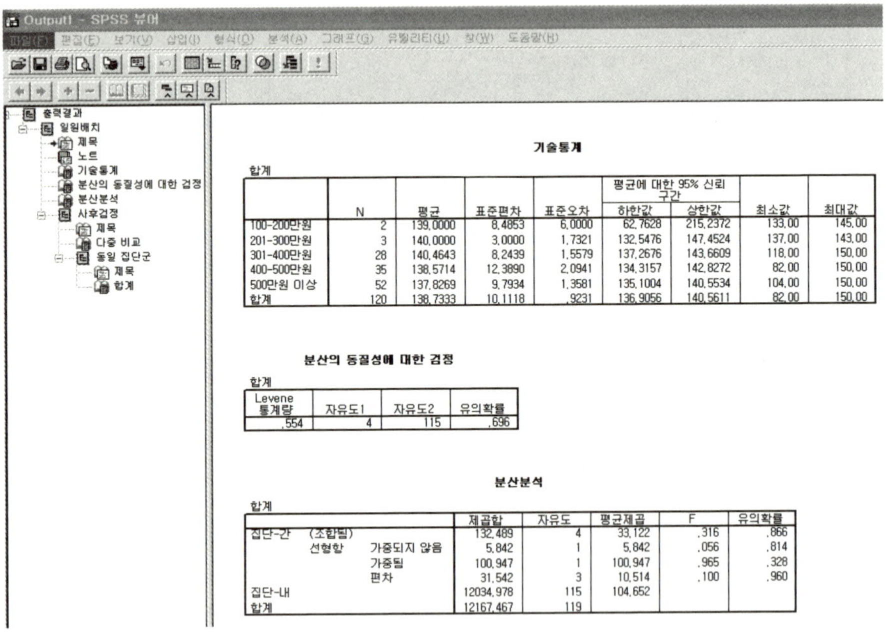

기술통계

합계

	N	평균	표준편차	표준오차	평균에 대한 95% 신뢰구간 하한값	평균에 대한 95% 신뢰구간 상한값	최소값	최대값
100-200만원	2	139,0000	8,4853	6,0000	62,7628	215,2372	133,00	145,00
201-300만원	3	140,0000	3,0000	1,7321	132,5476	147,4524	137,00	143,00
301-400만원	28	140,4643	8,2439	1,5579	137,2676	143,6609	118,00	150,00
400-500만원	35	138,5714	12,3890	2,0941	134,3157	142,8272	82,00	150,00
500만원 이상	52	137,8269	9,7934	1,3581	135,1004	140,5534	104,00	150,00
합계	120	138,7333	10,1118	,9231	136,9056	140,5611	82,00	150,00

분산의 동질성에 대한 검정

합계

Levene 통계량	자유도1	자유도2	유의확률
,554	4	115	,696

분산분석

합계

			제곱합	자유도	평균제곱	F	유의확률
집단-간	(조합됨)		132,489	4	33,122	,316	,866
	선형항	가중되지 않음	5,842	1	5,842	,056	,814
		가중됨	100,947	1	100,947	,965	,328
		편차	31,542	3	10,514	,100	,960
집단-내			12034,978	115	104,652		
합계			12167,467	119			

그림 V-6 출력결과

6. 분석 결과 해석

〈표 V-1〉은 독립 변인에 대한 기술통계량을 나타내고 있으며, 각 집단의 사례수(N), 평균, 표준편차, 표준오차, 평균에 대한 95% 신뢰구간, 최소값, 최대값을 나타내고 있다.

표 V-1 기술통계량

소득 수준	N	평균	표준 편차	표준 오차	평균에 대한 95% 신뢰구간		최소값	최대값
					하한값	상한값		
100-200만 원	2	139.0000	8.4853	6.0000	62.7628	215.2372	133.00	145.00
201-300만 원	3	140.0000	3.0000	1.7321	132.5476	147.4524	137.00	143.00
301-400만 원	28	140.4643	8.2439	1.5579	137.2676	143.6609	118.00	150.00
400-500만 원	35	138.5714	12.3890	2.0941	134.3157	142.8272	82.00	150.00
500만 원 이상	52	137.8269	9.7934	1.3581	135.1004	140.5534	104.00	150.00
합계	120	138.7333	10.1118	.9231	136.9056	140.5611	82.00	150.00

아래의 〈표 V-2〉는 모집단의 분산이 동일하다는 가설을 검정하는 데 사용되는 검정 방법으로 Levene 통계량의 유의확률이 .696으로 분산이 동일하다는 사실을 알 수 있다.

표 V-2 분산의 동질성에 대한 검정

Levene 통계량	자유도1	자유도2	유의확률
.554	4	115	.696

〈표 V-3〉은 종속변수가 학업성취로 집단-간 그리고 집단-내 제곱합, 자유도, 평균제곱, F값, 유의확률을 보여준다. 집단-간 분석은 각 집단 간 분산으로 체계적 분산을, 집단-내 분석은 각 집단 내 분산으로 오차분산을 뺀 나머지 분산을 의미하며, 합계는 전체분산을 의미한다. 따라서 F값이 .316이고, 유의확률이 .866으로 $p > .05$이므로 소득수준에 따라 학업성취의 차이가 없다는 것을 알 수 있다.

표 V-3 **분산분석**

			제곱합	자유도	평균제곱	F	유의확률
집단-간	(조합됨)		132.489	4	33.122	.316	.866
	선형항	가중되지 않음	5.842	1	5.842	.056	.814
		가중됨	100.947	1	100.947	.965	.328
		편차	31.542	3	10.514	.100	.960
집단-내			12034.978	115	104.652		
합계			12167.467	119			

〈표 V-4〉는 Dunnett T3을 선택하여 전체 집단 간에 평균의 차이가 존재할 때 등분산을 가정하지 않음을 선택한 결과를 나타내고 있다. 여기에서는 소득수준에 따라 학업성취에 미치는 영향이 유의한 차이가 없음을 알 수 있다.

표 V-4 **다중비교**

			평균차 (I-J)	표준 오차	유의 확률	95% 신뢰구간	
	(I) 평균수입	(J) 평균수입				하한값	상한값
Dunnett T3	100-200만 원	201-300만 원	-1.0000	9.3386	1.000	.(a)	.
		301-400만 원	-1.4643	7.4876	1.000	.(a)	.
		400-500만 원	.4286	7.4375	1.000	.(a)	.
		500만 원 이상	1.1731	7.3715	1.000	.(a)	.
	201-300만 원	100-200만 원	1.0000	9.3386	1.000	.(a)	.
		301-400만 원	-.4643	6.2146	1.000	-9.8002	8.8716
		400-500만 원	1.4286	6.1542	1.000	-7.8115	10.6686
		500만 원 이상	2.1731	6.0743	.953	-7.3172	11.6633
	301-400만 원	100-200만 원	1.4643	7.4876	1.000	.(a)	.
		201-300만 원	.4643	6.2146	1.000	-8.8716	9.8002
		400-500만 원	1.8929	2.5938	.998	-5.6812	9.4670

	(I) 평균수입	(J) 평균수입	평균차 (I-J)	표준 오차	유의 확률	95% 신뢰구간 하한값	95% 신뢰구간 상한값
		500만 원 이상	2.6374	2.3979	.890	-3.3435	8.6182
	400-500만 원	100-200만 원	-.4286	7.4375	1.000	.(a)	.
		201-300만 원	-1.4286	6.1542	1.000	-10.6686	7.8115
		301-400만 원	-1.8929	2.5938	.998	-9.4670	5.6812
		500만 원 이상	.7445	2.2366	1.000	-6.4902	7.9792
	500만 원 이상	100-200만 원	-1.1731	7.3715	1.000	.(a)	.
		201-300만 원	-2.1731	6.0743	.953	-11.6633	7.3172
		301-400만 원	-2.6374	2.3979	.890	-8.6182	3.3435
		400-500만 원	-.7445	2.2366	1.000	-7.9792	6.4902

a 범위값을 계산할 수 없습니다.

〈표 Ⅴ-5〉는 동일 집단 군에 있는 집단에 대한 평균값이 제시되어 있다.

표 Ⅴ-5 학업성취

	평균수입	N	유의수준=.05에 대한 부집단 1
Duncan	500만 원 이상	52	137.8269
	400-500만 원	35	138.5714
	100-200만 원	2	139.0000
	201-300만 원	3	140.0000
	301-400만 원	28	140.4643
	유의확률		.711

동일 집단군에 있는 집단에 대한 평균이 표시됩니다.

a 조화평균 표본 크기=5.453을(를) 사용

b 집단 크기가 같지 않습니다. 집단 크기의 조화평균이 사용됩니다. 제1종 오류 수준은 보장할 수 없습니다.

7. 보고서 작성

소득수준에 따른 학업성취의 일원변량분석에서는 각 집단에 유의미한 차이가 없는 것으로 나타났다. 구체적으로 집단 간의 차이를 검증하기 위하여 유의수준 .05에서 Dunnett T3 사후검증을 실시하였으나, 집단 간에 차이가 없는 것으로 나타나 소득수준에 따른 학업성취에 미치는 영향은 없는 것으로 나타났다(〈표 V-6〉 참조).

표 V-6 소득수준에 따른 학업성취의 일원변량분석

	제곱합	자유도	평균제곱	F	유의확률	Dunnett T3 (사후검정)
집단-간	132.489	4	33.122	.316	.866	
집단-내	12034.978	115	104.652			
합계	12167.467	119				

제4부

: 중급통계

Ⅰ장 공변량분석

Ⅱ장 회귀분석

Ⅲ장 신뢰도분석

Ⅳ장 탐색적 요인분석

Ⅴ장 판별분석

Ⅵ장 다중응답분석

I 장

공변량분석

1. 개념

공변량분석(Analysis of covariance: ANCOVA)은 변량분석의 변형으로 독립변수에 대한 조작요소 이외에 종속변수에 영향을 미치는 요소들이 작용할 경우 종속변수에 미치는 효과를 통계적인 방법으로 통제하는 분석방법이다.

2. 사용 목적

종속변수에 영향을 주는 외생변수를 통제하거나 관찰하기 어려운 경우에 공변량분석을 사용하여 종속변수에 영향을 주는 외생변수 효과를 연속형의 자료를 갖는 공변량을 사용하여 제거를 한다. 이와 같이 통제하지 않았거나 통제하지 못한 변인이 종속변수에 미치는 효과를 통계적인 방법으로 통제하거나 조정하는 것이다.

3. 기본 원리

첫째, 집단 간 또는 분석방법에 따라 얻은 회귀선은 차이가 없을 것이라는 기본 가정에서 사전검사 점수를 토대로 사후검사 점수의 회귀선을 계산한다.

둘째, 회귀계수를 이용하여 각 집단의 사후검사 점수 평균치를 조정한다.

셋째, 각 집단 간 조정된 평균의 차이에 대한 유의도 검증을 실시한다.

4. 연구 상황

① 국어 사전점수를 통제한 상태에서 성별이 초등학생들의 국어 사후점수에 영향을 미치는가?

5. 실행 과정

가. 공변량분석

step 1

데이터 편집기에서 데이터를 불러온 후 [분석]-[일반선형모형]-[일변량]을 클릭한다.

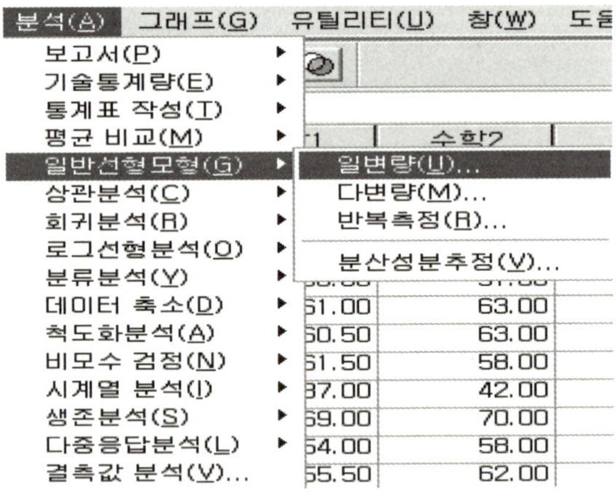

그림 I-1 공변량분석 들어가기

step 2

일변량 대화상자에서 종속변수는 국어사후점수인 국어2성적을, 모수변인은 학생성별, 국어사전점수인 국어1성적을 공변량으로 이동시킨다.

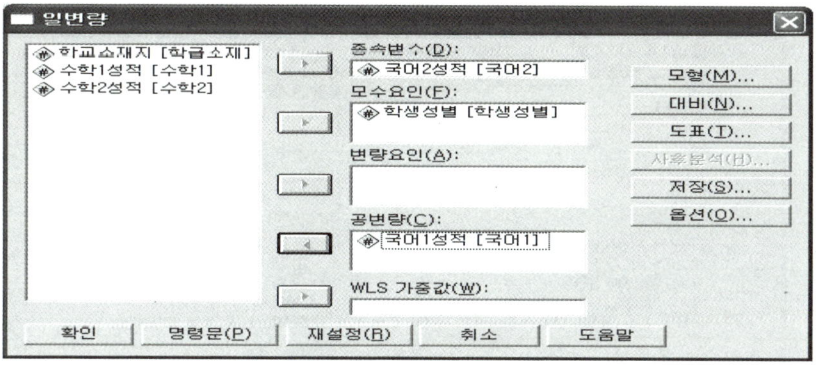

그림 I-2 일변량 대화상자

step 3

일변량 대화상자 우측의 모형(M)... 을 클릭하면, 아래 그림과 같이 모형 대화상자가 나타나는데, 제곱합-제Ⅲ유형을 그대로 두고 계속 을 클릭한다.

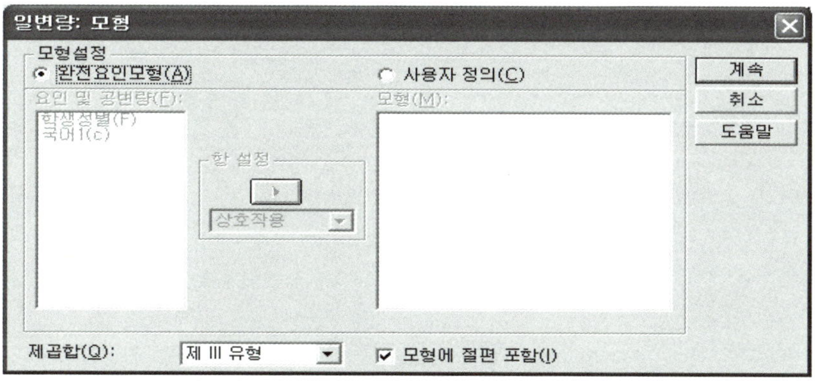

그림 I-3 모형 대화상자

step 4

옵션(O)... 을 클릭한 후 주변평균 추정에서 학생성별을 평균 출력 기준으로 옮기고, 출력에서 기술통계량과 동질성 검정을 체크한 후 계속 을 클릭한다.

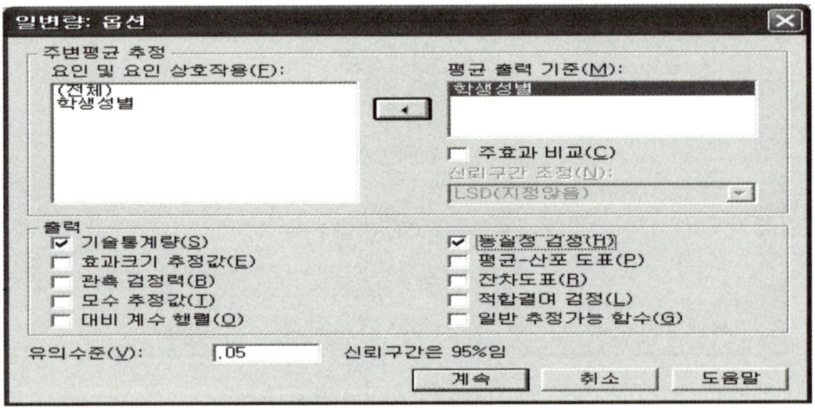

그림 I-4 **일변량-옵션 대화상자**

step 5

다시 일변량 대화상자로 돌아와서 확인 을 클릭하면 아래와 같은 출력결과가 나타난다. 출력결과를 다른 이름으로 저장을 하면 된다.

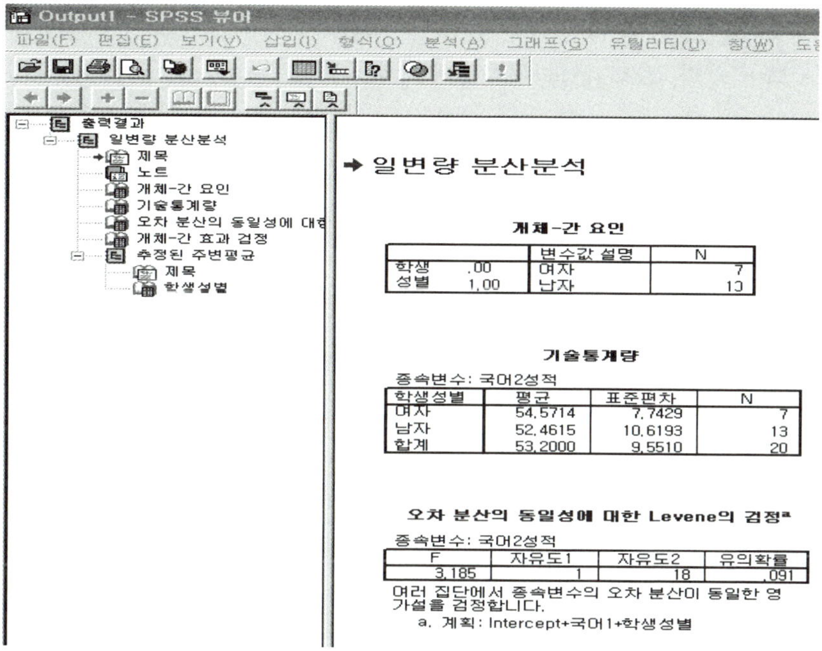

그림 I-5 출력결과

6. 분석 결과 해석

〈표 I-1〉은 독립 변인에 대한 기술통계량을 나타내고 있으며, 각 집단의 사례수(N), 평균, 표준편차, 표준오차, 평균에 대한 95% 신뢰구간, 최소값, 최대값을 나타내고 있다.

표 I-1 기술통계량

학생성별	평균	표준편차	N
여자	54.5714	7.7429	7
남자	52.4615	10.6193	13
합계	53.2000	9.5510	20

〈표 Ⅰ-2〉는 국어성적에 따른 집단의 분산 동질성 가정에 대한 검증결과가 제시되어 있다. Levene의 통계량에 대한 유의도가 .091로 p〉.05로 집단 간 등분산 가정을 만족한다.

표 Ⅰ-2 오차 분산의 동일성에 대한 Levene의 검증

F	자유도1	자유도2	유의 확률
3.185	1	18	.091

여러 집단에서 종속변수의 오차 분산이 동일한 영가설을 검정합니다.
a 계획: Intercept+국어1+학생성별

〈표 Ⅰ-3〉은 사전 국어점수를 공변인으로 통제한 경우, 학생성별의 F값이 1.874이고, 유의도가 .189로 p〉.05이므로 학생성별에 따라 국어성적에 차이가 없다는 것을 나타낸다.

표 Ⅰ-3 개체-간 효과 검증

소스	제 Ⅲ 유형 제곱합	자유도	평균 제곱	F	유의 확률
수정 모형	1457.914(a)	2	728.957	45.016	.000
Intercept	141.676	1	141.676	8.749	.009
국어1	1437.659	1	1437.659	88.781	.000
학생성별	30.342	1	30.342	1.874	.189
오차	275.286	17	16.193		
합계	58338.000	20			
수정 합계	1733.200	19			

a R 제곱 = .841 (수정된 R 제곱 = .822)

7. 보고서 작성

공변량분석 결과에 의하면 사전 국어점수를 공변인으로 처리하였을 때 학생 성별에 따라 사후 국어점수에 차이가 없는 것으로 나타났다(F=.002, p〉.05).

표 I-4 학생성별에 따른 국어성적의 차이검증

변량원	제곱합	자유도	평균제곱	F
사전 국어점수	1437.659	1	141.676	.000***
학생성별	30.342	1	1437.659	.189
오차	275.286	17	30.342	
합계	58338.000	20	16.193	

Ⅱ 장

회귀분석

1. 개념

회귀분석(Regression Analysis)은 독립변수와 종속변수 사이의 관계를 검증하여 독립변수가 종속변수에 미치는 영향력을 알아보거나 독립변수가 변화함에 따른 종속변수의 변화를 예측하기 위하여 사용하는 분석방법이다.

2. 사용 목적

상관분석은 단순히 두 변수 사이의 상관의 정도만 분석하는 것이지만, 회귀분석은 두 변수 사이의 인과관계뿐만 아니라 한 변수로부터 다른 변수의 변화를 예측할 수 있다. 회귀분석은 독립변수의 수에 따라 독립변수가 1개인 경우는 단순회귀분석(Simple Regression Analysis), 2개 이상인 경우는 중다회귀분석(Multiple Regression Analysis)이라고 한다.

3. 기본 원리

첫째, 회귀분석은 독립변수들과 종속변수가 선형의 관계에 있다고 가정하고 종속변수를 예측할 수 있는 선형회귀방정식을 이끌어내는 데 있다.

둘째, 최소자승법(method of least squares)을 이용하여 종속변수의 실제 관측치와 회귀방정식으로 추정된 값의 차이의 제곱의 합을 최소화시켜 추정한다.

4. 연구 상황

① 학생의 성별은 수학성적에 어떤 영향을 미치는가?
② 학생의 수학 중간고사 점수가 기말고사 점수에 어떤 영향을 미치는가?

5. 실행 과정

가. 단순회귀분석

step 1

데이터 편집기에서 데이터를 불러온 후 [분석]-[일반선형모형]-[일변량]을 클릭한다.

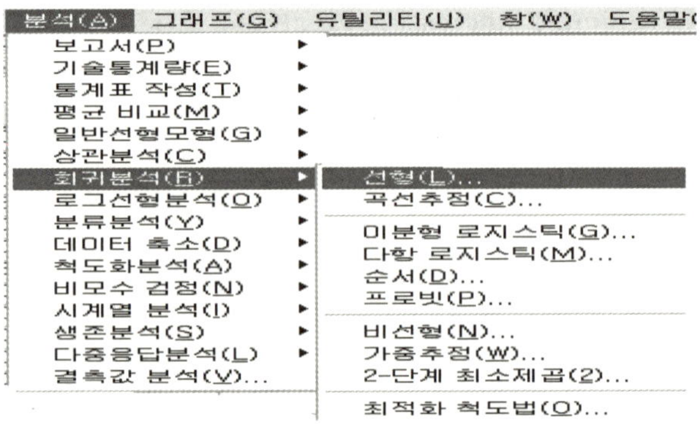

그림 Ⅱ-1 공변량분석 들어가기

step 2

종속변수에는 수학2성적을, 독립변수에는 학생성별을 넣고, 방법(Method)에는 단계선택(Stepwise)을 선택한다.

- 방법(Method)
  - 입력(Enter): 블록 내의 모든 변수를 한 번에 허용오차가 줄어드는 순서로 하나씩 회귀식에 투입
  - 단계선택(Stepwise): 단계적으로 변수를 등록 및 제거
  - 제거(Remove): 블록 내의 모든 변수를 강제로 하나의 단계에서 제거
  - 후진(Backward): 후방 변수 제거
  - 전진(Forward): 전방 변수 선택

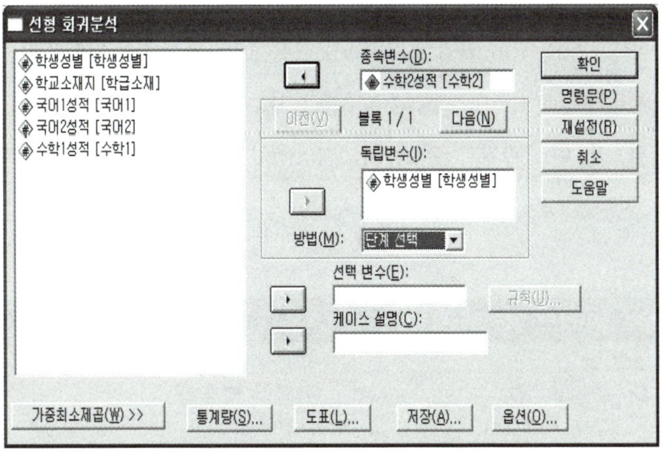

그림 Ⅱ-2 선형회귀분석 대화상자

step 3

통계량(S)... 대화상자를 클릭하면 아래의 메뉴에서 필요한 부분을 체크한 후 계속 을 클릭한다.

- 회귀계수(Regression Coefficients)
  - 추정값(Estimate) : 회귀계수의 추정치 계산
  - 신뢰구간(Confidence Intervals) : 비표준화 회귀계수의 95% 신뢰구간 표시
  - 공분산 행렬(Covariance Matrix) : 비표준화 회귀계수에 대한 분산, 공분산 행렬
- 잔차(Residuals)
  - Durban-Watson : 계열 상관 존재 여부에 대한 통계량
  - 케이스별 진단(Case wise Diagnostics) : 선택 기준을 충족시키는 사례의 확인
- 모형적합(Model Fit) : R^2, 조정된 R^2, 표준추정오차, 분산분석, 자유도, 평균자승, F값 등 관찰 확률 표시
- R제곱 변화량(R Squared Change) : R제곱 변화량의 변경 사항 표시
- 기술통계(Descriptive) : 평균, 표준편차, 단측검증 유의수준의 상관행렬
- 부분상관 및 편상관계수(Part and Partial Correlations) : 부분상관
- 공선성 진단(Collinearity Diagnostics) : 공선성 여부에 대한 통계량 계산

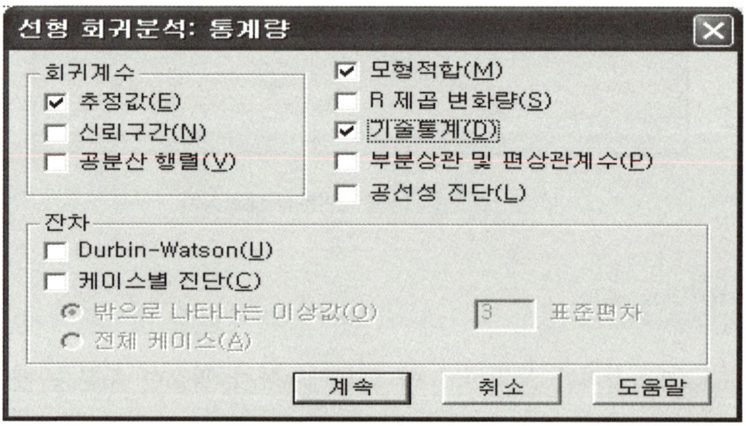

그림 Ⅱ-3 통계량 대화상자

step 4

도표(C)... 를 클릭한 후 아래 그림과 같이 선택한 후 잔차 플롯을 나타내기 위해 편회귀잔차도표 모두 출력(Produce all partial plots)을 체크한 후 계속 을 클릭한다.

- ZPRED : 표준예측치
- ZRESID : 표준잔차
- DRESID : 삭제잔차
- ADJPRED : 조정 예측치
- SRESID : 스튜던트화된 잔차
- SDRESID : 스튜던트화된 삭제잔차

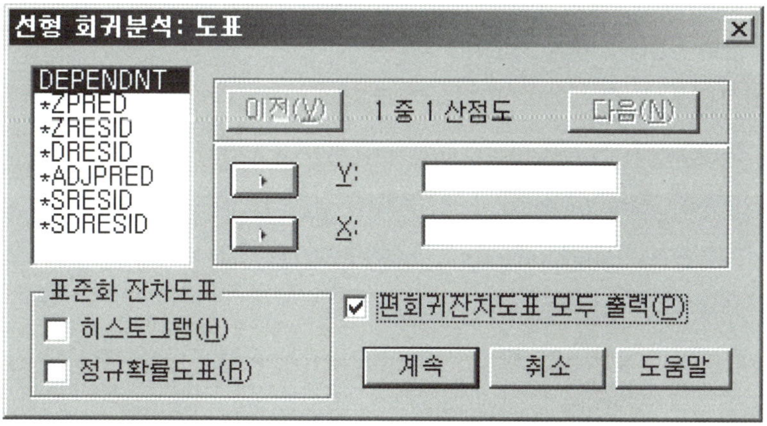

그림 Ⅱ-4 도표 대화상자

step 5

다시 선형회귀분석 대화상자로 돌아와서 저장(S) 을 클릭하면 아래와 같은 메뉴가 나타난다. 필요한 것을 체크한 후 계속 을 클릭한다.

- 예측값(Predicted Values)
  - 표준화하지 않음(Unstandardized) : 비표준예측치
  - 표준화(Standardized) : 표준예측치
  - 수정된(Adjusted) : 조정된 예측치
  - 평균예측 표준오차(S.E. of Mean Predictions) : 예측치의 표준오차
- 거리(Distances)
  - Mahalanobis의 거리
  - Cook의 거리
  - 레버리지값(Leverage Values)
- 예측 구간(Prediction Intervals)
  - 평균(Mean) : 평균예측값의 범위
  - 개별(Individual) : 단일관찰치의 범위
  - 신뢰구간(Confidence Interval)
- 잔차(Residuals)
  - 표준화하지 않음(Unstandardized) : 비표준잔차
  - 표준화(Standardized) : 표준잔차
  - 스튜던트화(Studentized) : 스튜던트화된 잔차
  - 삭제된 잔차(Deleted) : 삭제된 잔차
  - 삭제된 스튜던트화 잔차(Studentized Deleted) : 스튜던트화된 삭제잔차
- 영향력 통계량(Influence Statistics)
  - DFBETA : 특정사례를 제외한 후 발생할 수 있는 회귀계수의 변화
  - 표준화 DFBETA : 표준화된 DFBETA
  - DFFIT : 특정 사례가 제외될 때 예측치의 변화
  - 표준화 DFFIT : 표준화된 DFFIT
  - 공분산 비율(Covariance Ratio) : 특정 사례를 제외할 때의 공분산행렬과 제외하지 않았을 때의 공분산 행렬의 비율

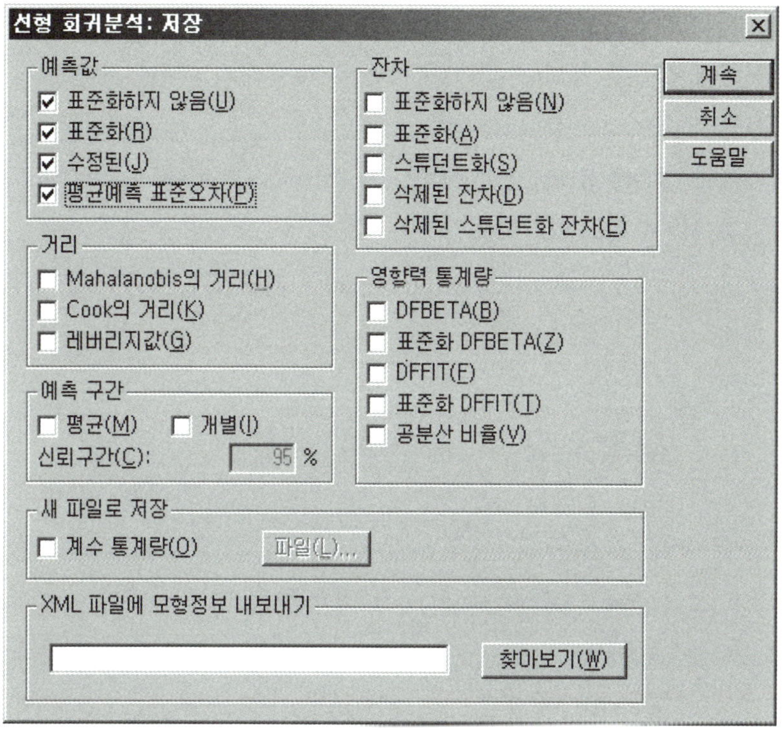

그림 Ⅱ-5 저장 대화상자

step 6

다시 선형회귀분석 대화상자로 돌아와서 옵션(O)... 을 클릭하면 아래와 같은 메뉴가 나타난다. 필요한 것을 체크한 후 계속 을 클릭한다.

- 선택법 기준(Stepping Method Criteria)
  - F-확률 사용(Use Probability of F) : F확률 사용하고 등록값은 .05, 제거값은 .10이다.
  - F-값 사용(Use F Value) : F값 사용
- 방정식에 상수항 포함(Include Constant in Equation) : 회귀식에 상수를 포함

• 결측값(Missing Values)

–목록별 결측값 제외(Exclude Cases Listwise) : 명백한 값을 가진 사례들만 분석

–대응별 결측값 제외(Exclude Cases Pairwise) : 쌍을 이루는 변수의 완전한 사례들만 분석

–평균으로 바꾸기(Replace with Mean) : 관찰치가 없는 경우 평균으로 대치

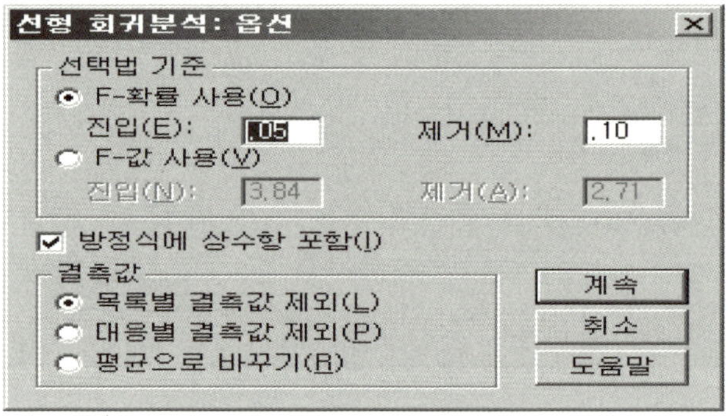

그림 Ⅱ-6 옵션 대화상자

step 7

선형회귀분석 대화상자로 돌아와 확인 을 클릭하면 아래와 같은 출력결과가 나타난다. 이를 다른 이름으로 저장을 한 후 출력결과를 살펴보면 된다.

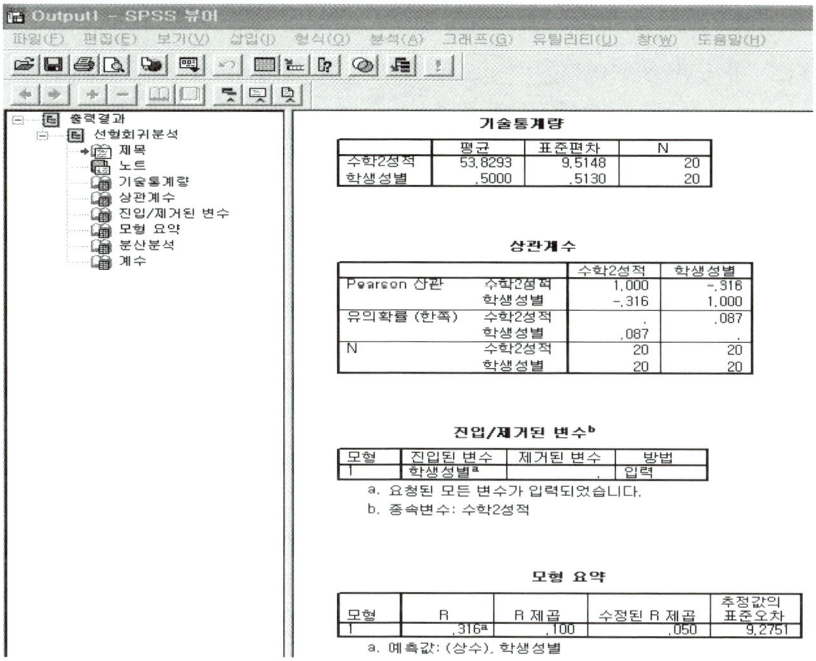

그림 Ⅱ-7 출력 결과

6. 분석 결과 해석

〈표 Ⅱ-1〉은 종속변인인 수학성적에 대한 학생성별과의 관련성을 알아보기 위한 단순회귀분석의 결과로 평균과, 표준편차, 사례수가 제시되어 있다.

표 Ⅱ-1 기술통계량

	평균	표준편차	N
수학2성적	53.8293	9.5148	20
학생성별	.5000	.5130	20

〈표 Ⅱ-2〉는 수학성적과 학생성별과의 상관관계를 나타내는 것으로 상관이 다소 유의한 관련이 없는 것으로 나타나고 있다.

표 Ⅱ-2 상관계수

		수학2성적	학생성별
Pearson 상관	수학2성적	1.000	-.316
	학생성별	-.316	1.000
유의확률 (한쪽)	수학2성적	.	.087
	학생성별	.087	.
N	수학2성적	20	20
	학생성별	20	20

〈표 Ⅱ-3〉은 방법으로는 입력법을 사용하여 종속변수로 수학성적이 입력된 독립변수로 학생성별임을 나타내고 있다.

표 Ⅱ-3 진입 및 제거된 변수

모형	진입된 변수	제거된 변수	방법
1	학생성별(a)	.	입력

a 요청된 모든 변수가 입력되었습니다.
b 종속변수: 수학2성적

〈표 Ⅱ-4〉는 선형 모형의 적합도를 나타내는 R제곱[1]은 학생성별이 종속변수인 수학성적에 대한 설명력이 .100으로 10%라는 것을 알 수 있다. 수정된 R제곱(Adjusted R square)은 .050으로 이는 모집단에 이 모형을 가장 잘 부합하기 위해서 R제곱값을 수정한 것이다.

---

1) R^2은 종속변수에 대한 전체 설명력을 나타내며, 0과 1 사이의 값을 가지고 이 수치가 높을수록 표본회귀선의 설명력이 높아진다.

표 Ⅱ-4 모형 요약

모형	R	R 제곱	수정된 R 제곱	추정값의 표준오차
1	.316(a)	.100	.050	9.2751

a 예측값: (상수), 학생성별

〈표 Ⅱ-5〉는 분산분석을 나타낸 것으로 단순회귀분석에 대한 유의도인 F값을 보고 회귀분석에 대한 적합도를 판단하게 된다. F값이 1.995이고 자유도(1, 18), 유의도가 .175로 본 회귀분석이 유의미하지 않음을 보여주고 있다.

표 Ⅱ-5 분산분석

모형		제곱합	자유도	평균제곱	F	유의확률
1	선형회귀분석	171.610	1	171.610	1.995	.175(a)
	잔차	1548.489	18	86.027		
	합계	1720.099	19			

a 예측값: (상수), 학생성별
b 종속변수: 수학2성적

〈표 Ⅱ-6〉은 계수(Coefficients)를 나타내는 것으로 표준화 회귀계수(β)는 회귀계수의 상대적인 중요도를 나타낸다. t분포를 이용한 유의도 검정결과 학생성별이 수학성적에 미치는 영향력은 없는 것으로 나타났다.

표 Ⅱ-6 계수

모형		비표준화 계수		표준화 계수	t	유의확률
		B	표준오차	베타		
1	(상수)	56.759	2.933		19.351	.000
	학생성별	-5.858	4.148	-.316	-1.412	.175

a 종속변수: 수학2성적

7. 보고서 작성

〈표 Ⅱ-7〉은 학생성별에 따른 수학성적의 회귀분석 결과이다. 전체적으로 학생성별이 수학성적에 미치는 영향은 10%(R^2=.10)로 나타났다. 학생성별이 수학성적에 미치는 영향은 유의하지 않는 것으로 나타나 학생성별은 수학성적에 영향력이 없는 것으로 해석하면 되겠다.

표 Ⅱ-7 학생성별에 따른 수학성적의 회귀분석

독립 변인	A초등학교
학생성별	-.316(-1.412)
상수(Constant)	56.759
R^2	.100
Adj. R square	.050
F값	1.995
사례수(N)	20

주) 모델의 제시값은 표준화 회귀계수 β(t값)　　　*p〈.05, **p〈.01

Ⅲ장

신뢰도분석

1. 개념

신뢰도분석(Reliability Analysis)은 연구자가 동일한 개념을 독립된 측정방법으로 얼마나 연구 목적에 적합한 측정도구를 제작하여 측정하였는가를 알아보는 분석방법이다.

2. 사용 목적

신뢰도분석은 첫째, 동일하거나 유사한 측정도구를 사용하여 측정한 경우 동일하거나 유사한 결과를 얻을 수 있는지, 둘째, 하나의 측정도구에서 얻은 결과가 제대로 된 측정결과인지, 셋째, 하나의 측정도구에서 측정한 결과의 측정오차는 어느 정도인지를 파악하기 위해 사용한다.

3. 기본 원리

신뢰도 검사의 측정 방법은 재검사 신뢰도(Test-Retest Reliability), 반분 신뢰도(Split-Halt Reliability), 동형검사 신뢰도(Alternate-Form Reliability), 내적 일관성 분석(Internal Consistency Reliability) 등이 있다.

일반적인 신뢰도의 추정방법으로 Cronbach's alpha(α)는 검사도구의 내적 일관성을 의미한다.

재검사 신뢰도는 동일한 측정 대상에 대해 동일한 방법으로 반복적인 측정을 통해 측정치 간의 차이를 분석하여, 측정치의 차이가 크면 신뢰도가 낮고, 측정치 간의 차이가 작으면 신뢰도가 높은 것으로 본다.

반분 신뢰도는 여러 개의 측정 항목을 반으로 나누어 두 그룹의 항목별 측정치의 상관관계를 분석하여 신뢰도를 조사하는 방법이다.

동형검사 신뢰도는 동일한 개념에 대해 2개 이상의 서로 다른 측정도구를 개발하여 각각의 측정치들 사이의 동일성 여부를 검증하는 방법이다.

내적 일관성 분석은 여러 문항에 걸쳐 동일한 개념을 반복 질문하여 이러한 항목들 사이에 유사한 값을 갖는지를 Cronbach's alpha(α) 값을 통해 알아보는 방법이다. 일반적으로 Cronbach's alpha(α) 값은 0-1 사이의 값을 가지며 통상 0.6 이상이면 신뢰도가 있는 것으로 볼 수 있다.

일반적으로 신뢰도를 높이는 방법으로는 첫째, 사전에 신뢰도가 검증된 표준화된 측정도구를 사용한다. 둘째, 측정도구를 제작할 때 문항을 분명하게 하고, 측정자의 의도가 반영되어야 한다. 셋째, 선행연구에서 이용된 측정도구를 참고로 재구성하거나 예비조사를 실시하여 측정도구를 제작한다. 넷째, 연구하고자 하는 측정도구의 문항 수를 늘리거나, 동일한 질문이나 유사한 질문을 2회 이상 실시한다.

4. 연구 상황

① 학교 내 사회적 자본을 측정하는 변인 1, 2, 3, 4, 5번 문항은 신뢰도가 있는가?

② 초등학생들의 독서능력을 향상시키는 교사의 수업행동인 참여, 안내, 관찰, 인내의 4항목들은 각각 요인들에 대한 내적 일관성(interal consistency)이 있는가?

5. 실행 과정

가. 신뢰도분석

step 1

데이터 편집기에서 데이터를 불러온 후 [분석]-[척도화분석]-[신뢰도분석]을 클릭한다.

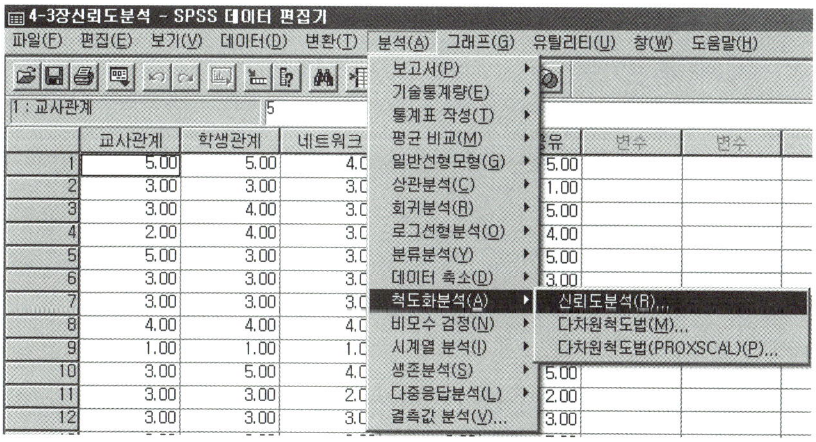

그림 Ⅲ-1 신뢰도분석 들어가기

step 2

신뢰도분석 대화상자에서 분석하고자 하는 문항을 왼쪽 창에서 선택하여 오른쪽 문항으로 보내고, 모형은 알파로 선택한다. 모형의 종류는 (1) 알파(Alpha)-Cronbach's alpha(α)신뢰도 계산, (2) 반분계수(Split Half)-스피어람-브라운 반분신뢰도 계산, (3) Guttman-Guttman 신뢰도 계산, (4) 동형(Parallel)-모든 문항의 분산이 동일하다는 가정하에 최대우도 신뢰도(Maximum-Likelihood Reliability) 계산, (5) 절대동형(Strict Parallel)-모든 문항의 평균과 분산이 동일하다는 가정하에 최대우도 신뢰도(Maximum-Likelihood Reliability)를 계산하는 것이 있다.

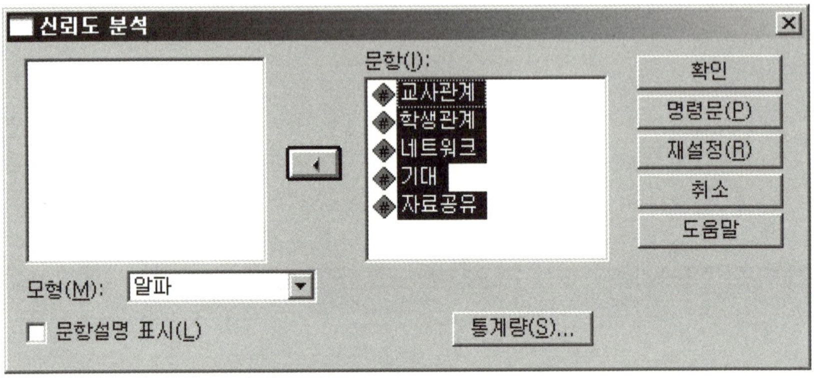

그림 Ⅲ-2 신뢰도분석 대화상자

step 3

통계량 대화상자에서 각각의 메뉴를 설명하면 다음과 같다.

- 기술통계량(Descriptive for)
  - 문항(Item) : 문항의 평균과 표준편차
  - 척도(Scale) : 각 문항의 신뢰도
  - 문항제거시 척도(Scale if Item Deleted) : 신뢰도를 낮추는 특정 문항을 제외시켰을 때의 신뢰도
- 요약값(Summaries)
  - 평균(Means), 분산(Variance), 공분산(Covariance), 상관계수(Correlation)
- 문항 내(Inter-Item)
  - 상관관계(Correlation) : 문항 간 상관계수
  - 공분산(Covariance) : 문항 간 공분산
- 분산분석표(ANOVA Table)
  - 지정않음(None) : 분산분석을 수행하지 않음

–F–검정(F-test) : F 검증

–Friedman 카이제곱 : Friedman의 카이제곱

–Cochran 카이제곱 : Cochran의 카이제곱

• Hotelling의 T제곱 : Hotelling의 T제곱 검증

• Tukey의 가법성 검정 : Tukey의 부가성 검증

• 급내 상관계수 : 개별 문항과 각 문항 사이의 상관계수의 평균을 일정 신뢰구간, F값, 각각의 유의도 값과 함께 계산

아래의 그림과 같이 필요한 부분을 체크한 후 계속 을 클릭한다.

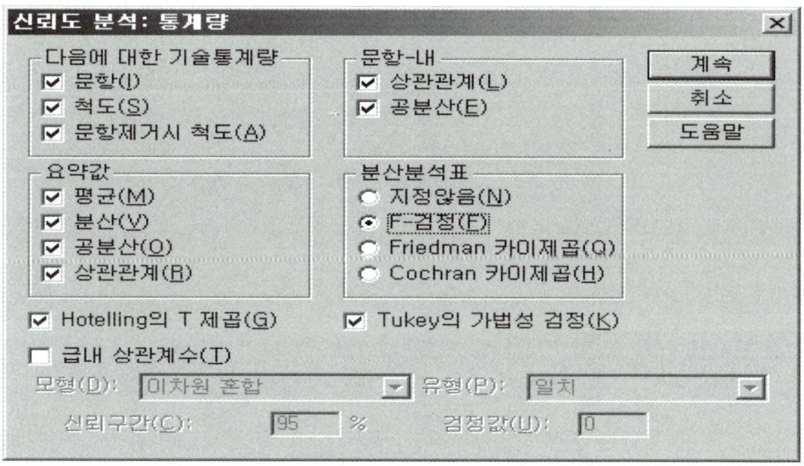

그림 Ⅲ-3 통계량 대화상자

step 4

다시 신뢰도분석 대화상자에서 확인 을 클릭하면 아래와 같은 출력결과가 나타난다. 출력결과를 다른 이름으로 저장을 하면 된다.

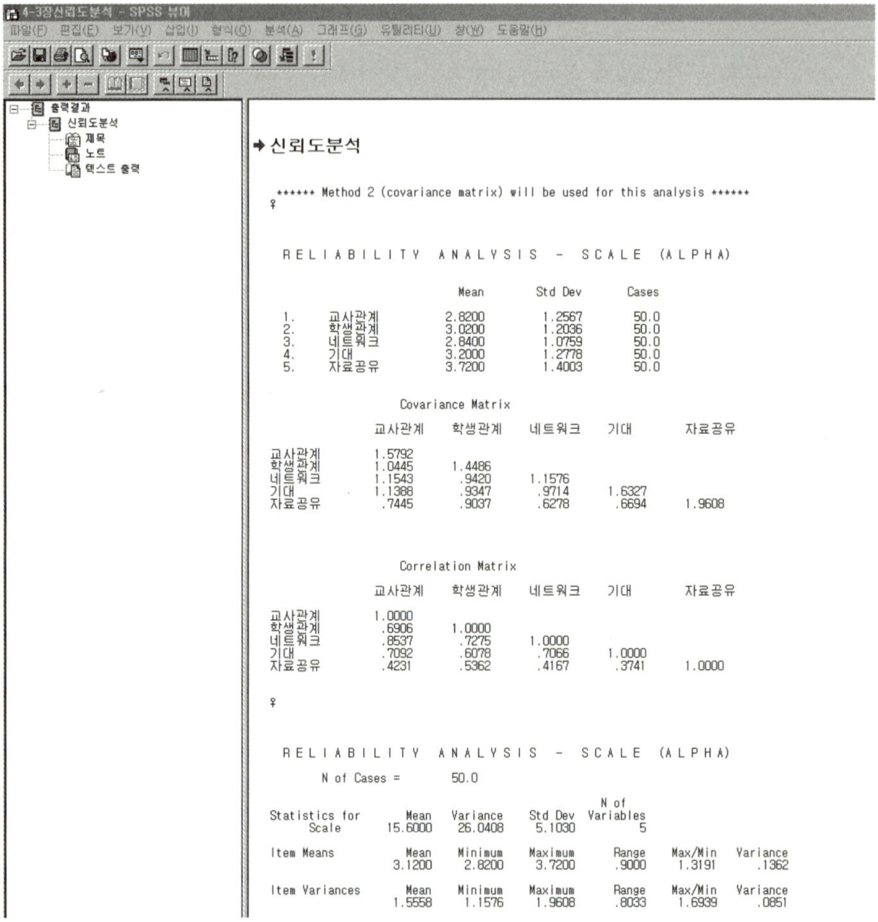

그림 Ⅲ-4 출력결과

6. 분석 결과 해석

〈표 Ⅲ-1〉은 학교 내 사회적 자본에 대한 5개 문항의 평균, 표준편차를 나타내고 있다.

표 Ⅲ-1 기술통계량

RELIABILITY ANALYSIS - SCALE (ALPHA)

문항	평균	표준편차	N
교사관계	2.8200	1.2567	50
학생관계	3.0200	1.2036	50
네트워크	2.8400	1.0759	50
기대	3.2000	1.2778	50
자료공유	3.7200	1.4003	50

〈표 Ⅲ-2〉와 〈표 Ⅲ-3〉은 학교 내 사회적 자본 측정 변인인 교사관계, 학생관계, 네트워크, 기대, 자료공유 문항에 대한 공분산 행렬과 상관 행렬을 나타내고 있으며, 전반적으로 변수들 간의 상관이 다소 높게 나타나고 있다.

표 Ⅲ-2 Covariance Matrix(공분산 행렬)

문항	교사관계	학생관계	네트워크	기대	자료공유
교사관계	1.5792				
학생관계	1.0445	1.4486			
네트워크	1.1543	.9420	1.1576		
기대	1.1388	.9347	.9714	1.6327	
자료공유	.7445	.9037	.6278	.6694	1.9608

표 Ⅲ-3 Correlation Matrix(상관 행렬)

문항	교사관계	학생관계	네트워크	기대	자료공유
교사관계	1.0000				
학생관계	.6906	1.0000			
네트워크	.8537	.7275	1.0000		
기대	.7092	.6078	.7066	1.0000	
자료공유	.4231	.5362	.4167	.3741	1.0000

표 Ⅲ-4 신뢰도분석

RELIABILITY ANALYSIS - SCALE (ALPHA)

N of Cases = 50.0

Statistics for	Mean	Variance	Std Dev	N of Variables		
Scale	15.6000	26.0408	5.1030	5		
Item Means	Mean	Minimum	Maximum	Range	Max/Min	Variance
(항목평균)	3.1200	2.8200	3.7200	.9000	1.3191	.1362
Item Variances	Mean	Minimum	Maximum	Range	Max/Min	Variance
(항목분산)	1.5558	1.1576	1.9608	.8033	1.6939	.0851
Inter-item Covariances	Mean	Minimum	Maximum	Range	Max/Min	Variance
(항목 간 공분산)	.9131	.6278	1.1543	.5265	1.8388	.0316
Inter-item Correlations	Mean	Minimum	Maximum	Range	Max/Min	Variance
(항목 간 상관)	.6046	.3741	.8537	.4796	2.2820	.0244

〈표 Ⅲ-4〉 신뢰도분석 결과 학교 내 사회적 자본을 측정하는 문항의 전체 평균은 15.6이고, 분산은 26.04, 표준편차는 5.10으로 나타났다. 한 항목에 대한 평균은 3.12, 최소 2.82, 최대 1.96, 범위 .80으로 나타났고, 항목 간 공분산은 평균 .91, 최소 .62, 최대 1.15, 범위 .52이고 항목 간 상관은 평균 .60, 최소 .37, 최대 .85, 범위 .47로 나타났다.

〈표 Ⅲ-5〉는 전체 항목의 통계량을 나타내는 것으로 Scale Mean if Item Deleted는 어떤 항목이 척도로부터 제거될 때 그 척도에 대한 평균값을 의미한다. 따라서 교사관계 문항이 제거된다면 평균값이 12.78이 됨을 의미한다. Corrected Variance if Item Deleted는 특정항목이 제거될 때 나타나는 분산값을 의미하고, Item-Total Correlation은 개별 문항의 점수와 나머지 문항의 전체 점수 간의 피어슨 상관 계수 값을 나타낸다.

Squared Multiple Correlation은 다중상관 관계의 제곱(R^2)이므로 교사관계의 변수의 응답에서 다른 변수에 의해 대략 75% 정도 관측 변량을 설명할 수 있음을 나타낸다. Alpha if Item Deleted는 해당 항목을 제외할 경우의 알파값을 의미한다. 교사관계 문항을 제거한 경우 알파값이 .8261이고, 전체 알파값이 .8766이므로 이 문항을 반드시 포함시켜 측정하는 것이 신뢰도가 높게 나타남을 알 수 있다.

표 Ⅲ-5 전체 항목의 통계량

Scale	Scale Mean if Item Deleted	Corrected Variance if Item Deleted	Item-Total Correlation	Squared Multiple Correlation	Alpha if Item Deleted
교사관계	12.7800	16.2976	.8046	.7577	.8261
학생관계	12.5800	16.9424	.7721	.6106	.8352
네트워크	12.7600	17.4922	.8213	.7759	.8286
기대	12.4000	16.9796	.7054	.5512	.8507
자료공유	11.8800	18.1894	.4932	.2942	.9069

〈표 Ⅲ-6〉은 학교 내 사회적 자본을 측정하는 문항들의 분산분석의 결과를 나타낸 것이다. F값이 10.5967이고 P값이 .000으로 유의하게 나타났다. 이는 변수 간에 차이가 없다는 귀무 가설을 기각하여 변수 간에 차이가 있다는 것을 의미한다.

Hotellings's T-Squared는 변수 간의 평균이 동일한지를 검정하는 것으로 F=6.3654, P=.0004로 유의미한 것으로 나타나 항목 간의 평균의 차이가 있음을 나타내고 있다. 학교 내 사회적 자본 문항의 알파값은 .8766, 표준화된 항목의 알파값은 .8843으로 일반적인 신뢰도 값이 .60 이상이면 신뢰도가 있다고 보기 때문에 신뢰도가 높다고 보면 되겠다.

표 Ⅲ-6 분산분석(Analysis of Variance)

Source of Variation	Sum of Sq.	DF	Mean Square	F	Prob.
Between People	55.2000	49	5.2082		
Within People	153.2000	200	.7660		
Between Measures	27.2400	4	6.8100	**10.5967**	**.0000**
Residual	125.9600	196	.6427		
Nonadditivity	.1569	1	.1569	.2432	.6224
Balance	125.8031	195	.6451		
Total	408.4000	249	1.6402		
Grand Mean	3.1200				

R E L I A B I L I T Y A N A L Y S I S – S C A L E (A L P H A)

Tukey estimate of power to which observations
must be raised to achieve additivity = 1.2344

Hotelling's T-Squared = 27.1222 **F = 6.3654** **Prob. = .0004**
Degrees of Freedom: Numerator = 4 Denominator = 46

Reliability Coefficients **5 items**

Alpha = .8766 **Standardized item alpha = .8843**

7. 보고서 작성

학교 내 사회적 자본에 대한 설문 문항의 하위 변인인 교사관계, 학생관계, 네트워크, 기대, 자료공유 문항에 대한 신뢰도 검사 결과 신뢰도가 .8766으로 높은 것으로 나타났다(〈표 Ⅲ-7〉 참조).

표 Ⅲ-7 학교 내 사회적 자본에 대한 신뢰도분석

요인	설문 문항	신뢰도 계수
학교 내 사회적 자본	교사와 학생의 관계가 호의적이다.	.8766
	학생과 학생의 관계가 경쟁적이다.	
	교사-학생, 학생-학생 사이에 네트워크망이 형성되어 있다.	
	교사는 학생이 잘 하리라 기대하고 있다.	
	학생과 학생 사이에 필요한 자료를 서로 공유하고 있다.	

Ⅳ장

탐색적 요인분석

1. 개념

요인분석(Factor Analysis)은 변인들로부터 요인들을 분해해내어 측정 변수들을 대표하거나 공통적인 요인을 추출하는 분석방법이다.

2. 사용 목적

요인분석의 목적은 첫째, 여러 가지 변수들을 하나의 요인으로 묶어 많은 변수들을 적은 수의 요인으로 줄어들게 한다. 둘째, 중요도가 낮은 변수를 찾아 불필요한 변수를 제거할 수 있다. 셋째, 측정도구가 타당한지를 요인분석을 통해 알 수 있다. 넷째, 요인 적재량을 갖고 추가적인 회귀분석, 군집분석, 판별분석에 사용할 변수들을 만들 수 있다.

3. 기본 원리

요인분석의 종류는 탐색적 요인분석(Exploratory Factor Analysis: EFA)과 확인적 요인분석(Comfirmatory Factor Analysis: CFA)으로 나눈다. 탐색적 요인분석은 요인의 수를 지정하지 않고, 요인을 압축하여 요인의 수를 결정할 때 사용하며, 확인적 요인분석은 요인의 수를 미리 지정하거나 탐색적 요인분석의 결과가 타당한지를 최종적으로 확인하기 위해 사용된다.

요인분석에 적합한 자료는 첫째, 변수 간에 높은 상관관계가 있어야 하고, 정상분포를 나타내야 한다. 둘째, 참가자의 수가 최소 100명 이상이 되어야 하고, 참가자수가 많을수록 요인을 추출할 가능성이 높아진다. 즉 문항수의 4-5배 이상의 사례가 필요하다. 셋째, 모상관 행렬이 단위행렬이라는 가설이 기각되어야 한다(KMO and Bartleet's 검정). 넷째, 무응답치, 극단적인 점수에 대한 사전 점검과 정리가 필요하다.

요인 추출을 위한 일반적인 모델로는 주성분 분석(Principle Component Analysis: PCA), 공통요인 분석(Common Factor Analysis: CFA)이 있다. 주성분 분석은 Hotelling(1933)이 개발한 방법으로 요인의 수를 최소화하거나 분산에 대한 사전 지식을 갖고 있을 때 사용하며, 공통요인 분석은 특수분산이나 오차분산에 대한 사전 지식이 전혀 없이 변수들 내에 있는 요인들을 찾아내는 목적으로 사용한다.

4. 연구 상황

① 학교 내 사회적 자본 변인에 해당하는 문항인 교사관계, 학생관계, 네트워크, 규칙강요, 엄격성, 생활통제의 문항은 항목들 간의 상관관계에 의해 몇 개의 개념으로 측정할 수 있는가?

② 초등학생들의 체력 검사 항목들인 윗몸 일으키기, 악력, 유연성, 스텝검사, 앞으로 굽히기, 50m달리기는 몇 개의 요인으로 묶일 수 있는가?

5. 실행 과정

가. 탐색적 요인분석

step 1

데이터 편집기에서 데이터를 불러온 후 [분석]-[데이터축소]-[요인분석]을 클릭한다.

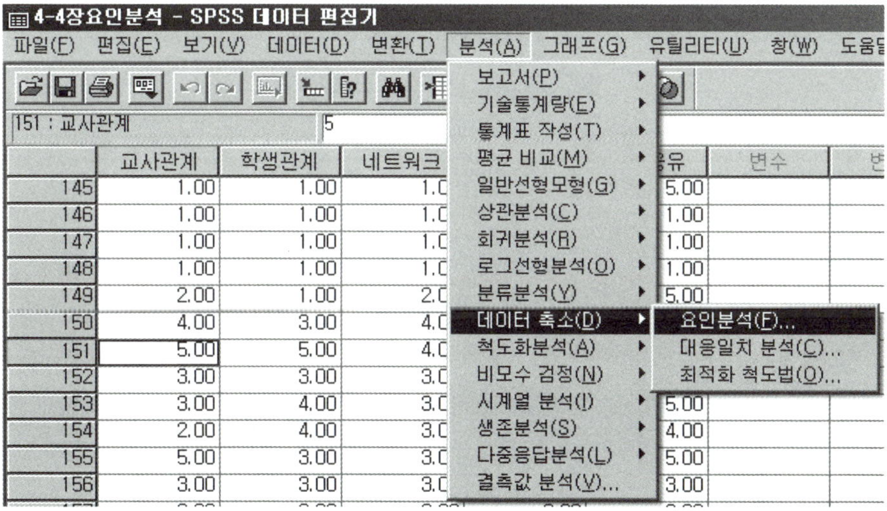

그림 Ⅳ-1 요인분석 들어가기

step 2

왼쪽 상자에 있는 교사관계, 학생관계, 네트워크, 규칙강요, 엄격성, 생활통제를 오른쪽 변수 상자로 선택하여 보낸다.

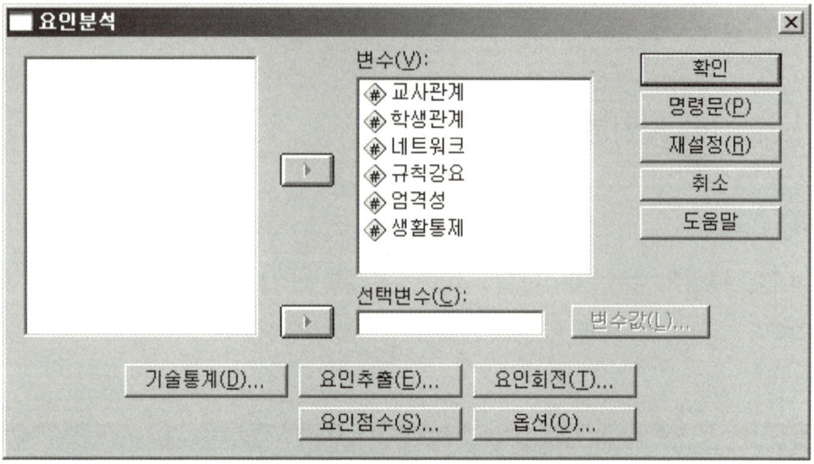

그림 Ⅳ-2 요인분석 대화상자

step 3

기술통계(D)...를 클릭하면 아래의 그림과 같은 메뉴들이 나타난다. 이 중에서 필요한 부분을 그림과 같이 체크한 후 계속을 클릭한다.

- 통계량(Statistics)
  - 일변량 기술통계(Univariate Descriptives) : 변수에 대한 평균, 표준편차, 사례수 제시
  - 초기해법(Initial Solution) : 초기의 커뮤널리티, 고유치, 설명된 분산의 비율 제시
- 상관행렬(Correlation Matrix)
  - 상관계수(Coefficients) : 상관계수 행렬
  - 유의수준(Significance Levels) : 상관관계 행렬에서 계수에 대한 단측 유의수준
  - 행렬식(Determinant) : 행렬식 값 제시
  - KMO와 Bartlett의 구형성 검정 : Kaiser-Meyer-Olkin측도와 Bartlett의 구형검정치 제시

– 역모형(Inverse) : 역 상관계수 행렬과 공분산 행렬

– 재연된 상관행렬(Reproduced) : 요인에 의해 추정된 상관관계 행렬 제시

– 역 – 이미지(Anti-Image) : 편분산 행렬과 편상관계수

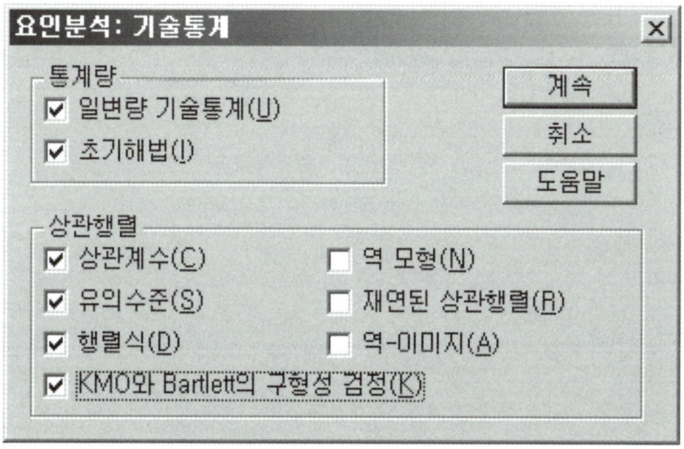

그림 Ⅳ-3 기술통계 대화상자

step 4

요인추출(E)... 을 클릭하면 아래의 그림과 같은 메뉴들이 나타난다. 이 중에서 필요한 부분을 클릭한 후 계속 을 클릭한다.

- 방법(Method)
  – 주성분 분석(Principal Components) : 주성분 요인분석 방법으로 기본으로 설정되어 있음.
  – 가중되지 않은 최소제곱법(Unweighed Least Squares) : 비가중치 최소자승 방법
  – 일반화 최소제곱법(Generalized Least Squared) : 일반화 최소 자승 방법
  – 최대우도(Maximum Likelihood) : 최대우도 방법
  – 주축요인 추출(Principal-Axis Factoring) : 주축 요인 방법

－알파요인 추출(Alpha Factoring) : 알파 요인 방법

－이미지요인 추출(Image Factoring) : 이미지 요인 방법, 다중회귀방법

step 5

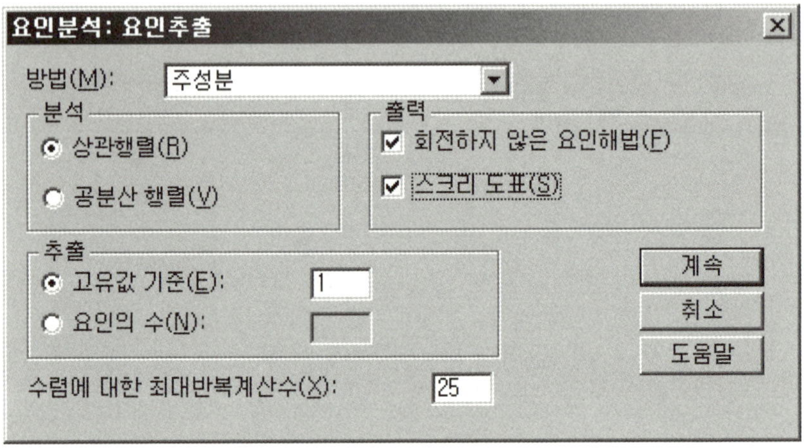

그림 Ⅳ-4 요인추출 대화상자

step 6

요인회전(T)... 을 클릭하면 아래의 그림과 같은 메뉴들이 나타난다. 이 중에서 필요한 부분을 클릭한 후 계속 을 클릭한다.

- 방법(Method)

－지정않음(None) : 추출된 요인을 회전하지 않음

－베리맥스(Varimax) : Varimax회전으로 일반적으로 가장 많이 사용됨

－직접 오블리민(Direct Oblimin) : 사각 비직교회전 방법

－쿼티맥스(Quartimax) : Quartimax 회전

－이쿼맥스(Equamax) : Equamax 회전

－프로맥스(Promax) : 상관된 요인을 밝히는 사각회전 방법

• 출력(Display)

– 회전 해법(Rotated Solution) : 회전한 후 추출된 요인값들을 계산

– 적재값 도표(Loading Plot) : 각 요인 간 변수의 적재량 계산하여 적재치 그래프 표시

• 수렴에 대한 최대반복계산수(Maximum Iterations for Convergence) : 안정된 요인을 얻기 위한 계산의 반복횟수 지정(25번)

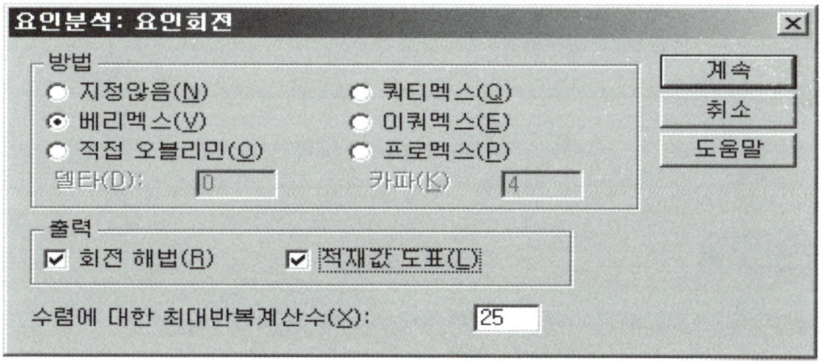

그림 Ⅳ-5 요인회전 대화상자

step 7

[요인점수(S)...]를 클릭하면 아래의 그림과 같은 메뉴들이 나타난다. 이 중에서 필요한 부분을 클릭한 후 [계속]을 클릭한다.

• 변수로 저장

– 회귀분석(Regression) : 요인 점수를 추정하는 방법으로 평균치가 0이다.

– Bartlett(Bartlett) : 추정된 요인 점수를 계산하고 계산된 점수는 평균치가 0이다.

– Anderson-Rubin 방법(Anderson-Rubin) : Bartlett방법의 변형으로 추정된 요인이 직교적 관계에 있음을 확인

• 요인점수 계수행렬 출력(Display Factor Scores Coefficient Matrix) : 요

인 점수들의 행렬을 표시

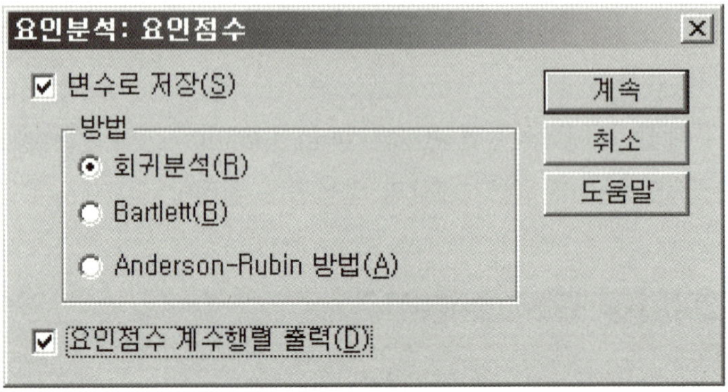

그림 Ⅳ-6 요인점수 대화상자

step 8

옵션(O)...을 클릭하면 아래의 그림과 같은 메뉴들이 나타난다. 이 중에서 필요한 부분을 클릭한 후 계속을 클릭한다.

- 결측값(Missing Values)
  - 목록별 결측값 제외(Exclude Cases Listwise) : 모든 변수가 유효한 경우만 사용
  - 대응별 결측값 제외(Exclude Cases Pairwise) : 모든 변수의 쌍이 유효한 경우만 사용
  - 평균으로 바꾸기(Replace with Mean) : 무응답의 경우 qust의 평균치를 사용
- 계수출력형식(Coefficient Display Format)
  - 크기순 정렬(Sorted by Size) : 요인 적재량에 따라 내림차순으로 정렬
  - 다음 값보다 작은 절대값 출력 않음(Suppress Absolute Values Less than) : 지정한 값보다 적은 경우 행렬에서 제외

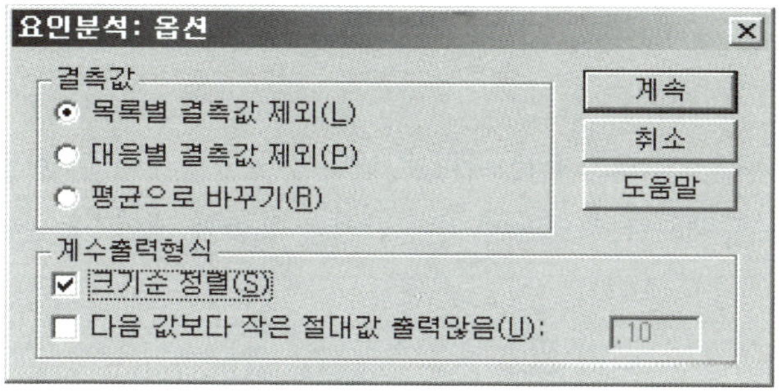

그림 Ⅳ-7 옵션 대화상자

step 9

다시 요인분석 대화상자에서 [확인]을 클릭하면 아래와 같은 출력결과가 나타난다. 출력결과를 다른 이름으로 저장을 하면 된다.

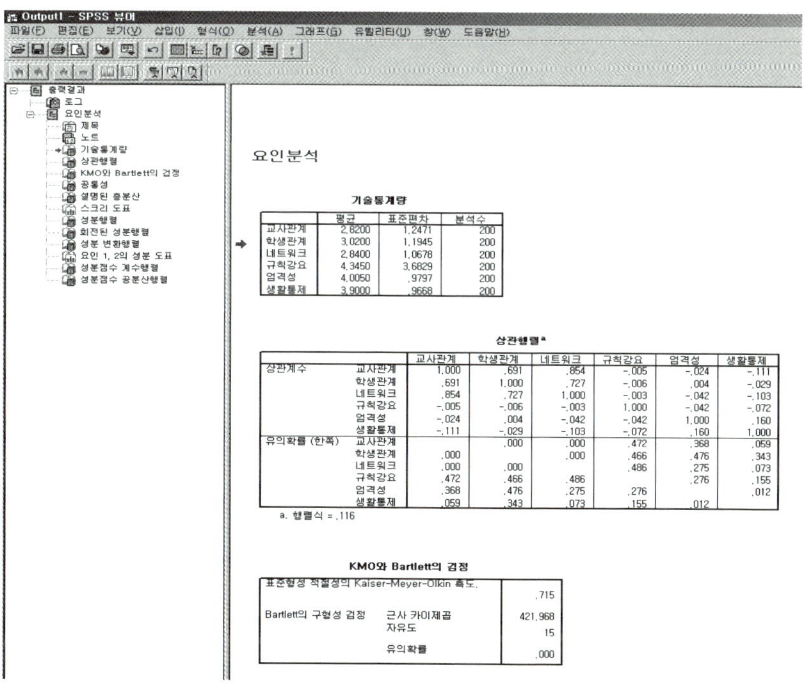

그림 Ⅳ-8 출력결과

6. 분석 결과 해석

〈표 Ⅳ-1〉은 기술통계량을 나타내고 있으며, 6개 변수, 200명에 대한 평균, 표준편차를 제시하고 있으며, 무응답치를 포함한 케이스는 분석에서 제외되었다.

표 Ⅳ-1 기술통계량

	평균	표준편차	분석수
교사관계	2.8200	1.2471	200
학생관계	3.0200	1.1945	200
네트워크	2.8400	1.0678	200
규칙강요	4.3450	3.6829	200
엄격성	4.0050	.9797	200
생활통제	3.9000	.9668	200

〈표 Ⅳ-2〉는 변수 간의 상관행렬을 나타낸 것이며, 교사관계와 네트워크가 .854로 높은 상관관계를 보이고 있고, 교사관계-규칙강요, 교사관계-엄격성 등은 부적 상관을 보이고 있음을 알 수 있다. 요인분석에 사용된 변수들 간의 상관관계는 변수 간에 적절한 높고 낮은 상관관계가 있어야 공통의 요인을 추출할 수 있다.

표 Ⅳ-2 상관행렬

		교사관계	학생관계	네트워크	규칙강요	엄격성	생활통제
상관계수	교사관계	1.000	.691	.854	-.005	-.024	-.111
	학생관계	.691	1.000	.727	-.006	.004	-.029
	네트워크	.854	.727	1.000	-.003	-.042	-.103
	규칙강요	-.005	-.006	-.003	1.000	-.042	-.072
	엄격성	-.024	.004	-.042	-.042	1.000	.160
	생활통제	-.111	-.029	-.103	-.072	.160	1.000
유의확률(한쪽)	교사관계		.000	.000	.472	.368	.059
	학생관계	.000		.000	.466	.476	.343
	네트워크	.000	.000		.486	.275	.073
	규칙강요	.472	.466	.486		.276	.155
	엄격성	.368	.476	.275	.276		.012
	생활통제	.059	.343	.073	.155	.012	

a 행렬식 = .116

〈표 Ⅳ-3〉은 KMO검정은 변수들 간의 상관관계가 다른 변수들에 의해 설명될 수 있는 정도를 나타내며, 일반적으로 KMO값이 .60 이상이면 요인분석에 별 무리가 없는 것으로 간주한다. 따라서 KMO값이 .715로 양호한 값이 나타났다.

Bartlett검정은 요인분석 모형의 적합성을 나타내는 것으로 유의값이 .000으로 유의한 결과가 나타났으므로 요인분석의 사용이 적합한 공통요인이 존재한다고 보면 되겠다.

표 Ⅳ-3 KMO-Bartlett 검정

표준형성 적절성의 Kaiser-Meyer-Olkin 측도		.715
Bartlett의 구형성 검정	근사 카이제곱	421.968
	자유도	15
	유의확률	.000

〈표 Ⅳ-4〉는 공통성(Communalities)이 제시한 것으로, 교사관계는 .863으로 이들 요인으로 86%가 설명이 가능함을 의미한다. 공통성(Communalities)이 .188로 낮은 변수인 규칙강요는 요인분석에 부적합한 것으로 보면 된다.

표 Ⅳ-4 공통성

	초기	추출
교사관계	1.000	.863
학생관계	1.000	.768
네트워크	1.000	.888
규칙강요	1.000	.188
엄격성	1.000	.485
생활통제	1.000	.527

〈표 Ⅳ-5〉는 설명된 총분산(Total Variance Explained)을 제시한 것으로 요인분석에 의해 추출된 2성분의 고유치가 2.532, 1.188로 지정한 고유치 1이상인 요인만 추출이 되었다. 요인 1은 42.1%, 요인 2는 19.7%를 설명하고, 누적 설명량은 61.9%이다.

표 Ⅳ-5 설명된 총분산

추출 방법: 주성분 분석									
	초기 고유값			추출 제곱합 적재값			회전 제곱합 적재값		
성분	전체	% 분산	% 누적	전체	% 분산	% 누적	전체	% 분산	% 누적
1	2.532	42.196	42.196	2.532	42.196	42.196	2.523	42.058	42.058
2	1.188	19.799	61.994	1.188	19.799	61.994	1.196	19.937	61.994
3	.968	16.140	78.135						
4	.835	13.913	92.048						
5	.334	5.562	97.610						
6	.143	2.390	100.000						

추출 방법: 주성분 분석.

〈표 Ⅳ-6〉은 6개 요인에 대한 고유치의 크기값을 순서대로 나타낸 스크리 도표이다. 고유치가 1 이상인 것이 2개 요인이고, 3-6요인은 요인으로서 무의미함을 나타내고 있다.

표 Ⅳ-6 스크리 도표

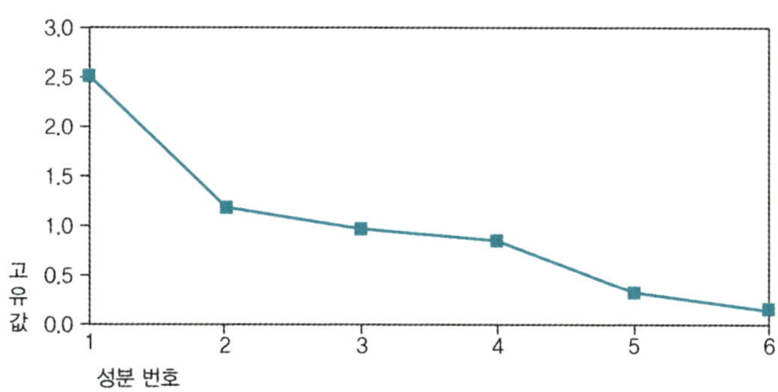

〈표 Ⅳ-7〉은 회전이 이루어지기 전의 요인 부하량을 나타낸 성분행렬(Component Matrix)로 주성분 분석을 통해 2개의 요인이 추출되었음을 나타내 주고 있다.

표 Ⅳ-7 성분행렬

	성분	
	1	2
네트워크	.942	2.344E-02
교사관계	.929	2.760E-02
학생관계	.869	.113
생활통제	-.153	.710
엄격성	-5.418E-02	.694
규칙강요	6.179E-04	-.433

요인추출 방법: 주성분 분석.
a 추출된 2 성분

〈표 Ⅳ-8〉은 회전이 이루어진 후에 도출된 요인부하량을 나타낸 회전된 성분행렬(Rotated Component Matrix)이다. 배리멕스법에 의해 3회 반복 계산이 이루어진 결과를 나타낸 것이다. 6개의 변인들은 2개의 요인으로 나눠짐을 알 수 있다.

표 Ⅳ-8 회전된 성분행렬

	성분	
	1	2
네트워크	.941	-5.058E-02
교사관계	.928	-4.539E-02
학생관계	.875	4.485E-02
생활통제	-9.649E-02	.720
엄격성	4.840E-04	.696
규칙강요	-3.339E-02	-.432

요인추출 방법: 주성분 분석.
회전 방법: Kaiser 정규화가 있는 베리멕스.
a 3 반복계산에서 요인회전이 수렴되었습니다.

7. 보고서 작성

학교 내 사회적 자본 변인에 해당하는 문항인 교사관계, 학생관계, 네트워크, 규칙강요, 엄격성, 생활통제의 문항이 항목들 간의 상관관계에 의해 몇 개의 개념으로 측정될 수 있는지를 요인분석을 통해 검증하였다.

주요인분석과 베리멕스 직교회전 방식을 활용하였고, 〈표 Ⅳ-9〉는 KMO 검정은 변수들 간의 상관관계가 다른 변수들에 의해 설명될 수 있는 정도를 나타내며, 일반적으로 KMO값이 .60 이상이면 요인분석에 별 무리가 없는 것으로 간주한다. 따라서 KMO값이 .715로 양호한 값이 나타났다.

Bartlett검정은 요인분석 모형의 적합성을 나타내는 것으로 유의값이 .000으로 유의한 결과가 나타났으므로 요인분석의 사용이 적합한 공통요인이 존재한다고 보면 되겠다(〈표 Ⅳ-9〉 참조).

표 Ⅳ-9 KMO-Bartlett 검정

표준형성 적절성의 Kaiser-Meyer-Olkin 측도		.715
Bartlett의 구형성 검정	근사 카이제곱	421.968
	자유도	15
	유의확률	.000

〈표 Ⅳ-10〉은 학교 내 사회적 자본에 대한 요인분석 결과를 나타낸 것으로 관계 요인과 관련된 문항은 네트워크, 교사관계, 학생관계 문항이고, 인지 요인과 관련된 문항은 생활통제, 엄격성 문항으로 요인분석 결과 추출되었다.

표 Ⅳ-10 학교 내 사회적 자본에 대한 요인분석 결과

변수	요인		공유치
	관계	인지	
네트워크	.941	-5.058E-02	.888
교사관계	.928	-4.539E-02	.863
학생관계	.875	4.485E-02	.768
생활통제	-9.649E-02	.720	.527
엄격성	4.840E-04	.696	.485
규칙강요	-3.339E-02	-.432	.188
고유치	2.532	1.188	
분산률 (고유치/문항수)	42.196	19.799	

V 장

판별분석

1. 개념

판별분석은 한 개체가 두 개 이상의 집단 중에서 어느 집단에 속할 것인지 통계적으로 예측하고 판단하기 위한 분석이다. 예를 들면, 고등학교 진학 담당 교사는 학생들의 성적을 보고 진학할 수 있는 대학을 판단하고, 의사가 환자의 건강 상태를 진단한 후 환자가 감기 환자인지, 신종인플루 환자인지, 폐렴 환자인지를 판단할 수 있다.

2. 사용 목적

판별분석은 소속 집단(종속변수)이 이미 알려진 사례에 대해 그 소속 집단을 판별하는 데 효과적이라고 생각되는 여러 개의 독립 변수들의 측정값들을 가지고 독립변수들의 선형함수인 판별함수를 만든다. 이러한 판별함수는 소속 집단을 모르는 사례에 대해 독립변수 값을 가지고 어느 집단에 속하는지 판별하는 데 사용된다. 판별분석의 구체적인 사용 목적은 다음과 같다.

첫째, 각 집단 간에 통계적으로 유의미한 차이가 있는지 여부를 검토하고 그 차이를 설명하는 독립변수를 밝힌다.

둘째, 선택된 독립변수들의 판별함수를 만들어 개체들을 집단으로 분류할 수 있는 모델 및 기준을 마련한다.

셋째, 새로운 개체의 유입 시 판별변수와 판별함수에 적용하여 어떤 집단에 속할지를 판단한다.

넷째, 판별함수에 의해 개체들이 얼마나 정확히 분류될 수 있는지 그 판별 정도를 파악한다.

3. 기본 가정

판별분석은 각 관찰 대상들이 어느 집단에 속하는지를 알 수 있는 판별식을 구하고 이러한 판별식을 이용하여 새로운 대상을 어느 집단으로 분류할 것인가를 예측할 수 있다. 이러한 판별분석을 실시하기 위한 기본 가정은 다음과 같다.

첫째, 판별함수의 도출에 사용된 사례들이 다변량 정규분포를 갖는 모집단으로부터 추출된 표본이어야 한다.

둘째, 각 부분 집단들의 모집단 분포가 동일한 공분산행렬을 가지고 있어야 한다.

셋째, 각 집단에 속한 표본의 수가 같은 경우 각 집단에 속할 사전확률은 동일해야 한다.

4. 기본 원리

판별분석은 미리 정해진 집단 간의 차이를 잘 설명해 줄 수 있는 독립변수들의 판별함수를 찾고 판별함수에 따라 새로운 사례를 분류하는 과정을 거친다. 즉 판별분석은 변수의 선정, 판별식의 수 결정, 상관관계 및 기술통계량 계산, 판별함수 도출, 판별함수의 타당성 검증, 검증된 판별함수의 해석, 판별함수를 이용한 예측 등의 단계를 거친다.

특히 추가된 판별식이 통계적 유의성 여부, 즉 판별식이 집단 간 차이를 잘 반영하는가에 대한 검증은 Wilks' Lambda(λ)값, U-Statistic으로 판단할 수 있는데 이는 [집단 내 분산/(집단 내 분산+집단 간 분산)]의 비율로 0과 1 사이의 값을 가지고 λ값이 작을수록 판별식의 집단 간 판별력이 높아진다.

5. 연구 상황

① 초등학교 학생의 사교성, 수줍음, 자존감을 인기 집단, 보통 집단, 거부 집단으로 어느 정도 구별할 수 있는지 알아보기 위해 판별분석을 실시한다.
② 예측된 판별함수에 의해 사교성, 수줍음, 자존감의 값에 따라 사회적 집단 중에서 어느 집단에 속하는지 알아보기 위해 판별분석을 실시한다.

6. 실행 과정

step 1

[분석]−[분류분석]−[판별분석]을 클릭한다([그림 Ⅴ−1] 참조).

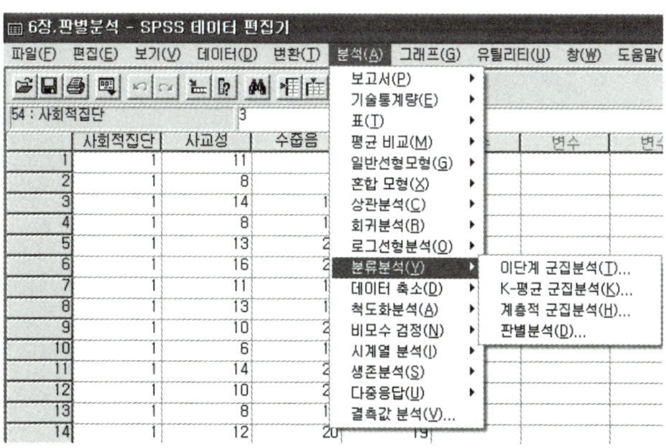

그림 Ⅴ−1 판별분석

step 2

'사회적 집단'을 선택하여 〈집단변수〉로 옮기고, [범위지정(G)...]을 클릭하여 〈최소값〉 '1'과 〈최대값〉 '3'을 입력을 한 후, [계속]을 클릭한다([그림 Ⅴ-2], [그림 Ⅴ-3] 참조).

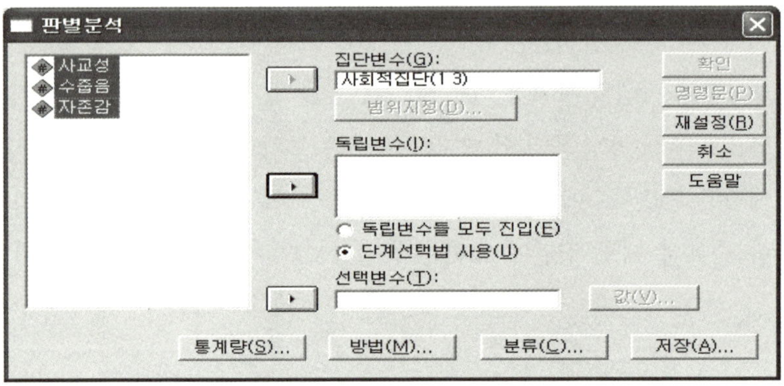

그림 Ⅴ-2 판별분석 대화상자

그림 Ⅴ-3 판별분석 범위지정 대화상자

step 3

'사교성', '수줍음', '자존감'을 선택하여 〈독립변수〉로 옮기고, 〈단계적 선택법 사용〉을 체크한다([그림 Ⅴ-4] 참조).

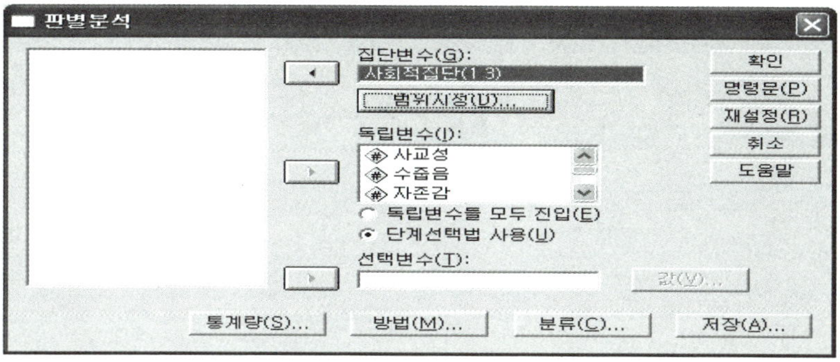

그림 Ⅴ-4 다중응답 빈도분석 대화상자

step 4

통계량(S)... 을 클릭하여 〈기술통계〉, 〈함수의 계수〉, 〈행렬〉을 모두 체크한 후, 계속 을 클릭한다([그림 Ⅴ-5] 참조).

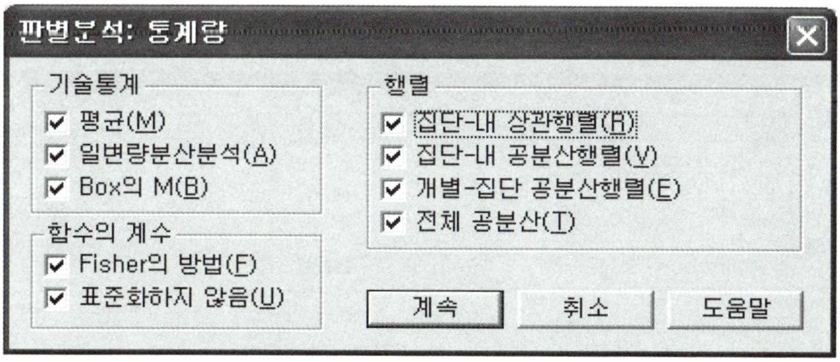

그림 Ⅴ-5 판별분석 통계량 대화상자

step 5

방법(M)... 을 클릭하여 〈Wilk의 람다〉, 〈F-값 사용〉, 〈단계 요약〉을 체크한 후, 계속 을 클릭한다([그림 Ⅴ-6] 참조).

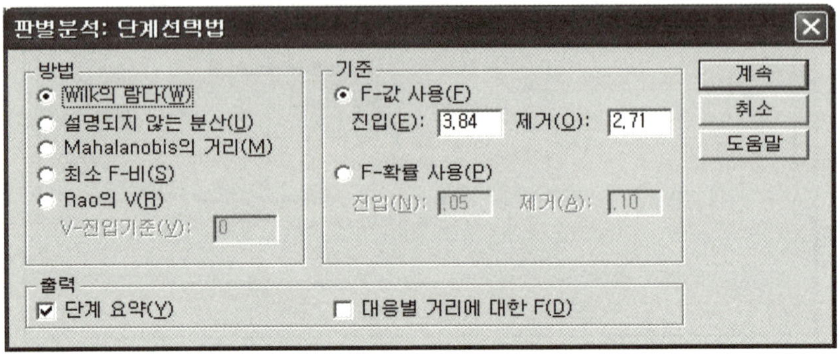

그림 V-6 판별분석 단계선택법 대화상자

step 6

분류(C)... 를 클릭하여 〈모든 집단이 동일〉, 〈집단-내〉, 〈출력〉, 〈도표〉, 〈결측값을 평균으로 바꾸기〉를 모두 체크한 후, 계속 을 클릭한다([그림 V-7] 참조).

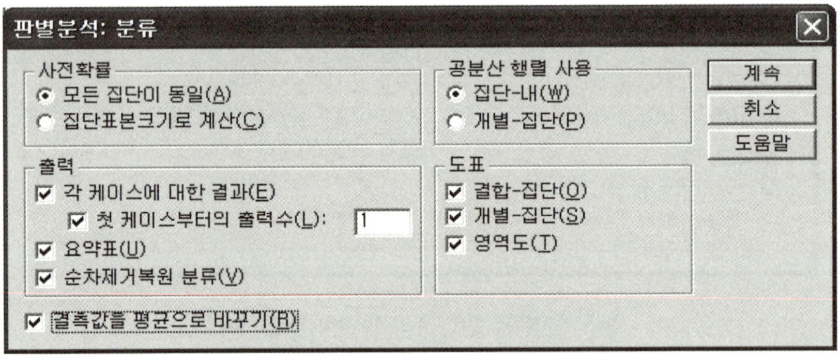

그림 V-7 판별분석 단계선택법 대화상자

step 7

저장(A)... 을 클릭하여 〈예측 소속집단〉, 〈판별점수〉, 〈집단소속 확률〉을 체크한 후, 계속 을 클릭한다([그림 V-8] 참조).

그림 V-8 판별분석 저장 대화상자

7. 분석 결과 해석

가. 집단 통계량

[그림 V-9]에서도 알 수 있듯이, 세 집단의 사교성, 수줍음, 자존감의 평균과 표준편차를 각각 제시하고 있나.

집단 통계량

사회적집단		평균	표준편차	유효수(목록별)	
				가중되지 않음	가중됨
인기집단	사교성	11.74	3.239	35	35.000
	수줍음	15.54	4.623	35	35.000
	자존감	21.06	6.338	35	35.000
보통집단	사교성	15.15	3.913	13	13.000
	수줍음	16.23	3.876	13	13.000
	자존감	20.69	4.906	13	13.000
거부집단	사교성	13.00	3.327	16	16.000
	수줍음	18.13	5.524	16	16.000
	자존감	21.44	3.915	16	16.000
합계	사교성	12.75	3.603	64	64.000
	수줍음	16.33	4.778	64	64.000
	자존감	21.08	5.475	64	64.000

그림 V-9 판별분석 집단 통계량

나. 집단 평균의 동질성에 대한 검정

일반적으로 Wilks' Lambda값은 값이 0에 가까울수록 집단 내 분산은 적고, 집단 간 분산이 크기 때문에, 두 집단 간의 차이가 있다고 할 수 있다. [그림 Ⅴ-10]에서는 사교성의 Wilks' Lambda값이 .864로 유의수준 .05에서 유의미한 차이가 있지만, 수줍음과 자존감의 Wilks' Lambda값은 유의수준 .05에서 유의미한 차이가 없는 것으로 나타났다. 따라서 집단 간의 차이가 있는 변수인 사교성만 판별분석에 이용할 수 있다.

집단평균의 동질성에 대한 검정

	Wilks 람다	F	자유도1	자유도2	유의확률
사교성	.864	4.820	2	61	.011
수줍음	.949	1.640	2	61	.202
자존감	.998	.065	2	61	.937

그림 Ⅴ-10 판별분석 집단 평균의 동질성에 대한 검정

다. 집단에 대한 공분산행렬의 동일성 검정

판별분석은 집단에 대한 공분산행렬의 동일성을 가정하고 있는데 이러한 동일성은 Box의 M 검정을 통해 알 수 있다. 즉 [그림 Ⅴ-11]에서도 알 수 있듯이, Box의 M 통계량은 .690이고, 유의확률은 .715(P〉.05)이기 때문에, 집단 간 공분산이 동일하다는 영가설을 채택하고 있다.

검정 결과

Box의 M		.690
F	근사법	.336
	자유도1	2
	자유도2	5418.632
	유의확률	.715

모집단 공분산행렬이 동일하다는 영가설을 검정합니다.

그림 Ⅴ-11 판별분석 집단에 대한 공분산행렬의 동일성 검정

라. 고유값

고유값이 여러 개인 경우 고유값의 상대적 크기는 판별함수가 총분산을 어느 정도 설명해 주고 있는가를 나타내기 때문에, 고유값이 클수록 판별함수의 기여도가 큰 것을 나타내고 각 판별함수의 중요도를 판단하는 기준이 된다. [그림 V-12]에서는 고유값이 .158로 총분산의 100%를 설명하고 있다. 또한 정준상관계수는 고유값과 비슷하여 판별점수와 집단 간의 관련 정도를 나타내기 때문에, 값이 1에 가까울수록 설명력이 크고 판별력이 우수하다. [그림 V-12]에서 정준상관계수 값은 .369로 판별력이 그다지 좋다고 할 수 없다.

고유값

함수	고유값	분산의 %	누적 %	정준 상관
1	.158[a]	100.0	100.0	.369

a. 첫 번째 1 정준 판별함수가 분석에 사용되었습니다.

그림 V-12 판별분석 고유값

마. Wilks' Lambda값

일반적으로 Wilks' Lambda값이 적을수록 판별함수의 설명력이 높아진다. 또한, 카이제곱(χ^2)값의 유의성을 검증함으로써 집단 간 판별점수의 차이를 알 수 있다. 즉 [그림 V-13]에서도 알 수 있듯이, 카이제곱(χ^2)값은 8.949이고, $p<.05$이기 때문에, 집단 간 판별점수의 차이가 유의미한 것으로 나타났다.

Wilks의 람다

함수의 검정	Wilks의 람다	카이제곱	자유도	유의확률
1	.864	8.949	2	.011

그림 V-13 판별분석 Wilks' Lambda값

바. 분류 결과

[그림 V-14]에서도 알 수 있듯이, 원래 집단과 예측 소속집단의 판별 적중률을 살펴보면 인기집단의 경우는 62.9%, 보통집단의 경우는 69.2%, 거부집단의 경우는 31.3%를 판별하여 전체적으로는 56.3%의 정확도를 보이고 있다.

분류결과[b,c]

		사회적집단	예측 소속집단			전체
			인기집단	보통집단	거부집단	
원래값	빈도	인기집단	22	5	8	35
		보통집단	2	9	2	13
		거부집단	8	3	5	16
	%	인기집단	62.9	14.3	22.9	100.0
		보통집단	15.4	69.2	15.4	100.0
		거부집단	50.0	18.8	31.3	100.0
교차 유효값[a]	빈도	인기집단	22	5	8	35
		보통집단	2	9	2	13
		거부집단	8	3	5	16
	%	인기집단	62.9	14.3	22.9	100.0
		보통집단	15.4	69.2	15.4	100.0
		거부집단	50.0	18.8	31.3	100.0

a. 분석시 해당 케이스에 대해서만 교차유효화가 수행됩니다. 교차유효화시 각 케이스는 해당 케이스를 제외한 모든 케이스로부터 파생된 함수별로 분류됩니다.

b. 원래의 집단 케이스 중 56.3%이(가) 올바로 분류되었습니다.

c. 교차유효화 집단 케이스 중 56.3%이(가) 올바로 분류되었습니다.

그림 V-14 판별분석 분류 결과

8. 보고서 작성

가. 집단평균에 대한 동질성 검증

집단평균에 대한 동질성을 검증하기 위해 Wilks' Lambda값과 F값을 분석한 결과, $p<.05$ 수준에서 사교성만 유의미한 차이가 존재하였기 때문에, 집단평균이 서로 동일하다는 영가설이 기각되어 집단평균이 서로 다른 사교성 변수만 판별분석에 이용할 수 있다(〈표 V-1〉 참조).

표 Ⅴ-1 판별분석 집단평균의 동질성에 대한 검정 결과 보고서 작성

구분	Wilks' Lambda	F	자유도1	자유도2	유의확률
사교성	.864	4.820	2	61	.011
수줍음	.949	1.640	2	61	.202
자존감	.998	0.065	2	61	.937

나. 집단에 대한 공분산행렬의 동일성 검정

집단에 대한 공분산행렬의 동일성을 검정하기 위해 Box의 M을 분석한 결과, Box의 M 통계량은 .690이고, 유의확률은 .715(P〉.05)이기 때문에, 집단 간 공분산이 동일하다는 영가설을 채택하고 있다. 따라서 판별분석의 모형을 결정할 수 있다(〈표 Ⅴ-2〉 참조).

표 Ⅴ-2 판별분석 집단에 대한 공분산행렬의 동일성 검정 결과 보고서 작성

Box의 M		.690
F	근사법	.336
	자유도1	2
	자유도2	5418.632
	유의확률	.715

다. 정준판별 함수

〈표 Ⅴ-3〉에서도 알 수 있듯이, 정준판별 함수는 1개이고, 고유값은 0.158, 정준상관계수는 0.369, Wilks' Lambda는 0.864, 카이제곱(χ^2)은 8.949(p〈.05)로 나타나 사교성 변수로 구성된 판별함수가 집단을 구분하는 판별력이 있는 것으로 나타났다. 이러한 사실을 통해 사교성 변수가 인기집단을 판별해 주는 예언력을 가진다는 것을 알 수 있다. 즉 사교성이 있는 학생이 인기집단으로 분류된다는 것을 의미한다.

표 V-3 판별분석 정준판별 함수 결과 보고서 작성

함수	고유값	정준상관계수	Wilks' Lambda	χ^2
1	0.158	0.369	0.864	8.949*

*p <.05

라. 독립변수들의 판별 기능 분석

〈표 V-4〉에서도 알 수 있듯이, 구조행렬계수의 값은 사교성 변수가 가장 크고, 다음으로 수줍음 변수, 자존감 변수 순으로 크게 나타났다. 또한 판별분석에서 실제 세 집단 간 유의미한 차이를 나타내는 것은 사교성 변수인 것으로 나타났다.

표 V-4 판별분석 독립변수들의 판별 기능 분석 결과 보고서 작성

구분	구조행렬계수	Wilks' Lambda	자유도1	자유도2	F
사교성	1.000	.864	2	61	4.820*
수줍음	.330	.949	2	61	1.640
자존감	.325	.998	2	61	0.065

*p <.05

마. 판별 적중률

인기집단에 속하는 사례수 35개 중에서 22개를 예측해 판별 적중률이 62.9%로, 보통집단에 속하는 사례수 13개 중에서 9개를 예측해 판별 적중률이 69.2%로, 거부집단에 속하는 사례수 16개 중에서 5개를 예측해 판별 적중률이 31.3%로 나타났다. 종합적인 판별분석의 결과 집단을 정확하게 예측한 경우는 56.3%이다(〈표 V-5〉 참조).

표 Ⅴ-5 판별분석 판별 적중률 결과 보고서 작성

실제집단	사례 수	예측 소속집단		
		인기집단	보통집단	거부집단
인기집단	35	22(62.9%)	5(14.3%)	8(22.9%)
보통집단	13	2(15.4%)	9(69.2%)	2(15.4%)
거부집단	16	8(50.0%)	3(18.8%)	5(31.3%)

*$p < .05$

VI 장

다중응답분석

1. 개념

다중응답은 하나의 설문에 두 개 이상의 응답을 한 것이다. 이러한 다중응답은 '방과후 학교에서 배우고 싶은 과목을 두 가지만 선택하시오'와 같이 해당하는 것을 2가지로 한정하여 응답하는 경우와 '방과후 학교에서 배우고 싶은 과목을 모두 선택하시오'와 같이 해당하는 것을 모두 선택하여 응답하는 경우로 구분할 수 있다.

2. 사용 목적

다중응답분석은 하나의 설문에 하나의 응답을 한 것을 분석하는 방법과는 달리, 하나의 설문에 2가지로 한정하여 응답하는 경우와 해당하는 것을 모두 선택하여 응답하는 경우는 다중응답을 처리하는 통계적 분석 방법을 사용해야 한다.

3. 기본 가정

하나의 설문에 2가지로 한정하여 응답하는 경우는 범주형의 코딩 방법을 사용하는데, '방과후1'과 '방과후2'의 2개 변수를 설정해 주고 각각에 대해 응답자가 응답한 범주의 '변수값'을 숫자로 입력한다([그림 Ⅵ-1] 참조).

특히 하나의 설문에 해당하는 것을 모두 선택하여 응답하는 경우는 이분형의 코딩 방법을 사용하는데, 모든 범주가 선택될 가능성이 있기 때문에 모두 변수로 설정해야 한다. 예를 들면, 총 5개의 응답 범주(피아노, 바둑, 장기, 축구, 야구)를 '방과후1'에서 '방과후5'까지 변수로 설정해 주고 응답자에 의해 선택된 것은 1, 선택되지 않은 것은 0으로 입력한다([그림 Ⅵ-2] 참조).

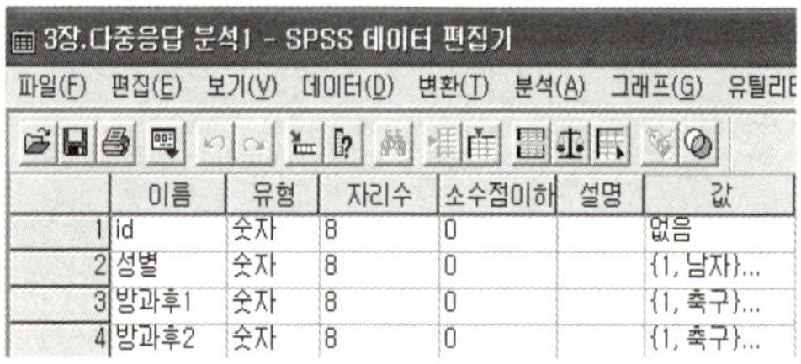

그림 Ⅵ-1 하나의 설문에 2가지로 한정하여 응답하는 경우

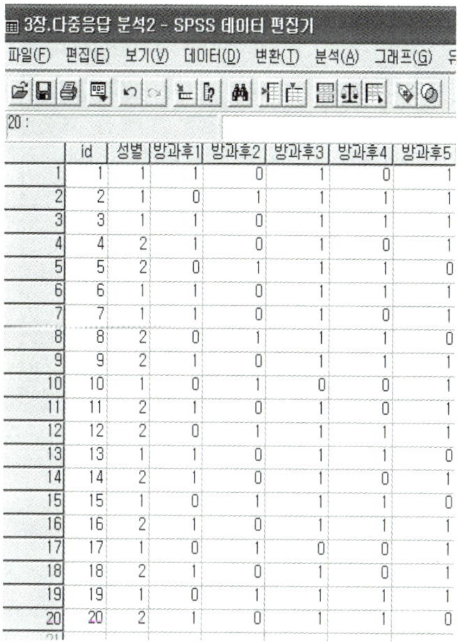

	id	성별	방과후1	방과후2	방과후3	방과후4	방과후5
1	1	1	1	0	1	0	1
2	2	1	0	1	1	1	1
3	3	1	1	0	1	1	1
4	4	2	1	0	1	0	1
5	5	2	0	1	1	1	0
6	6	1	1	0	1	1	1
7	7	1	1	0	1	0	1
8	8	2	0	1	1	1	0
9	9	2	1	0	1	1	1
10	10	1	0	1	0	0	1
11	11	2	1	0	1	0	1
12	12	2	0	1	1	1	1
13	13	1	1	0	1	1	0
14	14	2	1	0	1	0	1
15	15	1	0	1	1	1	0
16	16	2	1	0	1	1	1
17	17	1	0	1	0	0	1
18	18	2	1	0	1	0	1
19	19	1	0	1	1	1	1
20	20	2	1	0	1	1	0

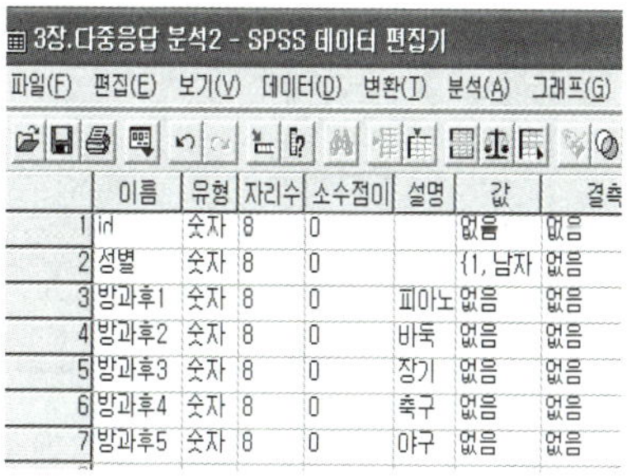

	이름	유형	자리수	소수점이	설명	값	결측
1	id	숫자	8	0		없음	없음
2	성별	숫자	8	0		{1, 남자	없음
3	방과후1	숫자	8	0	피아노	없음	없음
4	방과후2	숫자	8	0	바둑	없음	없음
5	방과후3	숫자	8	0	장기	없음	없음
6	방과후4	숫자	8	0	축구	없음	없음
7	방과후5	숫자	8	0	야구	없음	없음

그림 Ⅵ-2 하나의 설문에 해당하는 것을 모두 선택하여 응답하는 경우

4. 기본 원리

하나의 설문에 2가지로 한정하여 응답하는 경우, 즉 범주형은 [분석]-[다중응답]-[변수군 정의]를 실행한 대화상자에서 〈변수군에 포함된 변수〉에 '방과후1'과 '방과후2'를 옮기고, 〈변수들의 코딩형식〉에서 〈범주형〉을 선택하고 〈범위〉를 1-6까지 지정한 후, 〈이름〉과 〈설명〉에 '방과후'와 '방과후 학교 선호하는 과목'처럼 지정하여 [추가(A)]를 클릭하면 〈다중응답 변수군〉에서 '$방과후' 변수군이 생성되고 [닫기]를 클릭한다([그림 Ⅵ-3] 참조).

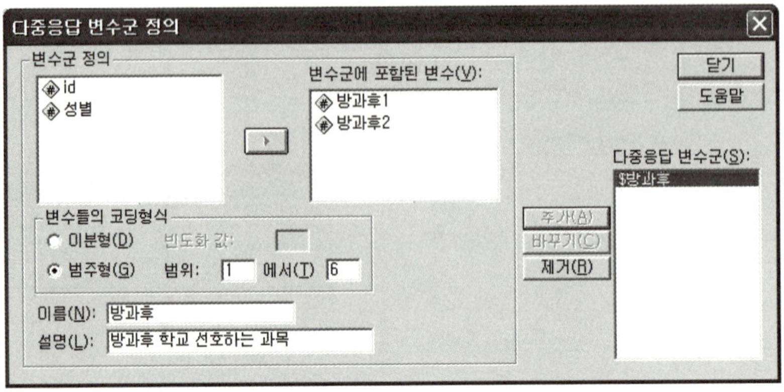

그림 Ⅵ-3 범주형 다중응답 변수군을 정의하는 방법

한편 하나의 설문에 해당하는 것을 모두 선택하여 응답하는 경우, 즉 이분형은 [분석]-[다중응답]-[변수군 정의]를 실행한 대화상자에서 〈변수군에 포함된 변수〉에 '피아노[방과후1]'에서 '야구[방과후5]'까지를 옮기고, 〈변수들의 코딩형식〉에서 〈이분형〉을 선택한 후, 〈빈도화 값〉에 '1'을 입력한다. 〈이름〉과 〈설명〉에 '방과후'와 '방과후 학교 선호하는 과목'처럼 지정하여 [추가(A)]를 클릭하면 〈다중응답 변수군〉에서 '$방과후' 변수군이 생성되고 [닫기]를 클릭한다([그림 Ⅵ-4] 참조).

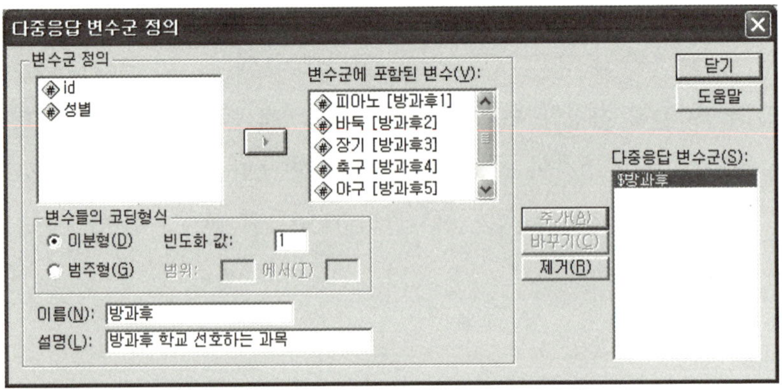

그림 Ⅵ-4 이분형 다중응답 변수군을 정의하는 방법

5. 연구 상황

① 초등학교 학생들이 방과후 학교에서 가장 선호하는 과목을 2가지 이상 선택하게 하여 가장 선호하는 과목의 순위를 알아보기 위해 다중응답 빈도분석을 실시한다.

② 방과후 학교에서 가장 선호하는 2가지 이상의 과목은 초등학교 학생의 성별에 따라 차이가 있는지 알아보기 위해 다중응답 교차분석을 실시한다.

6. 실행 과정

가. 다중응답 빈도분석

step 1

[분석]-[다중응답]-[빈도분석]을 클릭한다([그림 Ⅵ-5] 참조).

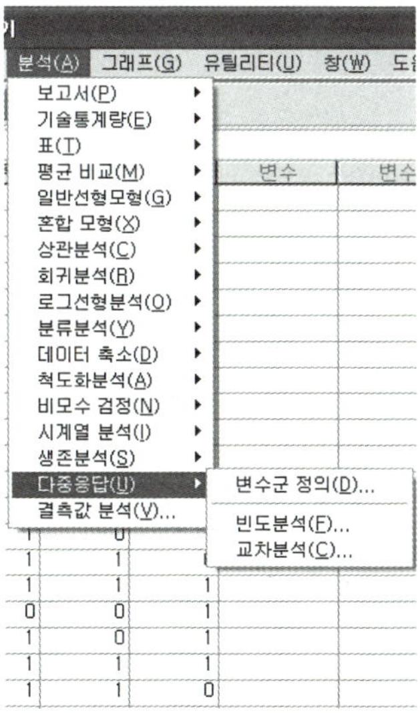

그림 Ⅵ-5 다중응답 빈도분석

step 2

〈다중응답변수군〉에 있는 '방과후 학교 선호하는 과목'을 선택하여 〈표작성 응답군〉으로 옮긴 후, 확인 을 클릭한다([그림 Ⅵ-6] 참조).

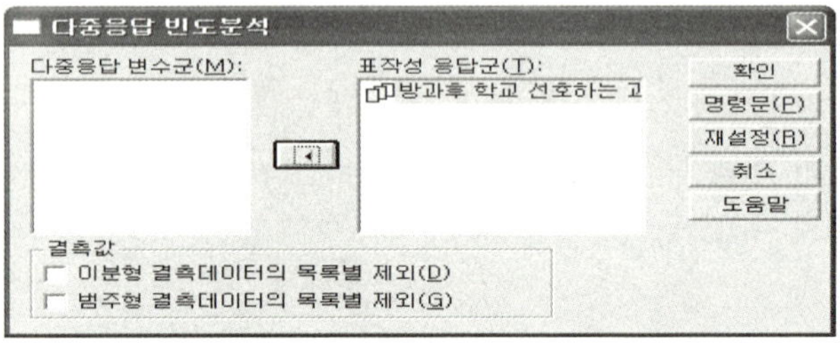

그림 Ⅵ-6 다중응답 빈도분석 대화상자

나. 다중응답 교차분석

step 1

[분석]-[다중응답]-[교차분석]을 클릭한다([그림 Ⅵ-7] 참조).

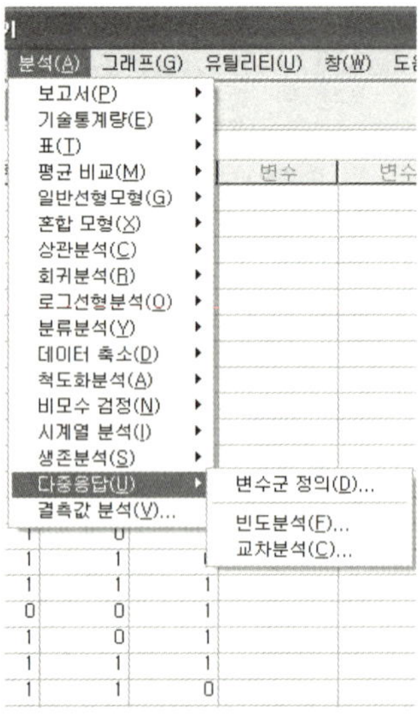

그림 Ⅵ-7 다중응답 빈도분석

step 2

〈다중응답변수군〉에 있는 '$방과후'를 선택하여 〈행〉으로 옮기고, '성별'을 선택하여 〈열〉로 옮긴다([그림 Ⅵ-8] 참조).

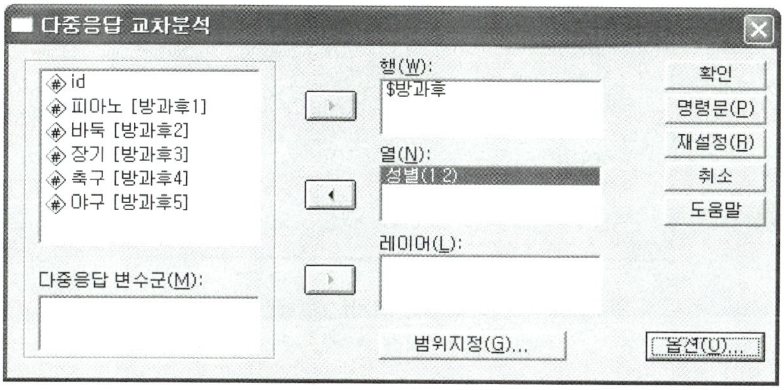

그림 Ⅵ-8 다중응답 교차분석 대화상자

step 3

범위지정(G)... 을 클릭하여 '성별'은 1(남)과 2(여)로 코딩되었기 때문에, 〈최소값〉에 1을, 〈최대값〉에 2를 입력하고 계속 을 클릭한다([그림 Ⅵ-9] 참조).

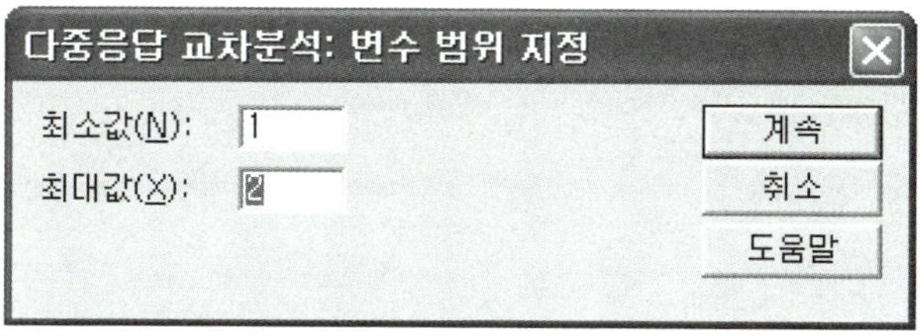

그림 Ⅵ-9 다중응답 교차분석 변수 범위 지정

step 4

옵션(O)... 을 클릭하여 〈셀 퍼센트〉에서 '열'을 선택하고 계속 과 확인 을 클릭한다([그림 Ⅵ-10] 참조).

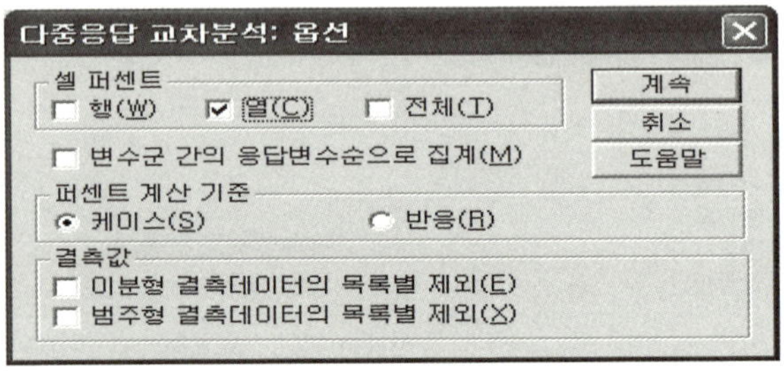

그림 Ⅵ-10 다중응답 교차분석 옵션 대화상자

7. 분석 결과 해석

가. 다중응답 빈도분석

초등학교 학생들이 선호하는 방과후 학교 과목을 2가지 이상 선택하도록 설문 조사를 한 결과, 장기(27.7%), 야구(23.1%), 피아노(18.5%), 축구(18.5%), 바둑(12.3%)으로 중복응답하였다([그림 Ⅵ-11] 참조).

다중응답분석

Group $방과후 방과후 학교 선호하는 과목
(Value tabulated = 1)

Dichotomy label	Name	Count	Pct of Responses	Pct of Cases
피아노	방과후1	12	18.5	60.0
바둑	방과후2	8	12.3	40.0
장기	방과후3	18	27.7	90.0
축구	방과후4	12	18.5	60.0
야구	방과후5	15	23.1	75.0
	Total responses	65	100.0	325.0

0 missing cases; 20 valid cases

그림 Ⅵ-11 다중응답 빈도분석 결과 해석

나. 다중응답 교차분석

초등학교 학생들이 선호하는 방과후 학교 과목을 성별에 따른 차이를 분석한 결과, 남자는 장기(80.0%), 야구(80.0%), 축구(50.0%) 등의 순으로 중복응답하였고, 여자는 장기(100%), 피아노(70%), 야구(70%) 등의 순으로 중복응답하였다([그림 Ⅵ-12] 참조).

다중응답분석

♀

* * * C R O S S T A B U L A T I O N * * *

$방과후 (tabulating 1) 방과후 학교 선호하는 과목
by 성별

$방과후	Count / Col pct	성별 남자 1	여자 2	Row Total
피아노	방과후1	5 50.0	7 70.0	12 60.0
바둑	방과후2	5 50.0	3 30.0	8 40.0
장기	방과후3	8 80.0	10 100.0	18 90.0
축구	방과후4	6 60.0	6 60.0	12 60.0
야구	방과후5	8 80.0	7 70.0	15 75.0
	Column Total	10 50.0	10 50.0	20 100.0

Percents and totals based on respondents

20 valid cases; 0 missing cases

그림 Ⅵ-12 다중응답 교차분석 결과 해석

8. 보고서 작성

가. 다중응답 빈도분석

초등학교 학생 전체 응답자 중에서 방과후 학교 과목으로 선호하는 순위를 살펴보면, 장기, 야구, 피아노, 축구, 바둑 등의 순으로 선호하는 것으로 나타났다(〈표 Ⅵ-1〉 참조).

표 Ⅵ-1 다중응답 빈도분석 결과 보고서 작성

방과후 학교 과목	빈도	백분율(%)
피아노	12	18.5
바둑	8	12.3
장기	18	27.7
축구	12	18.5
야구	15	23.1
합계	65	100

※ 중복응답

나. 다중응답 교차분석

초등학교 학생 전체 응답자 중에서 성별에 따라 선호하는 방과후 학교 과목의 차이를 분석한 결과, 남자는 장기와 야구를 가장 선호하였고 바둑과 피아노를 가장 선호하지 않았지만, 여자는 장기를 가장 선호하였고 바둑을 가장 선호하지 않았다. 전반적으로는 장기를 가장 선호하였고, 바둑을 가장 선호하지 않는 것으로 나타났다(〈표 Ⅵ-2〉 참조).

표 Ⅵ-2 다중응답 교차분석 결과 보고서 작성

방과후 학교 과목	남자		여자		합계	
	빈도	백분율(%)	빈도	백분율(%)	빈도	백분율
피아노	5	50	7	70	12	60
바둑	5	50	3	30	8	40
장기	8	80	10	100	18	90
축구	6	60	6	60	12	60
야구	8	80	7	70	15	75

※ 중복응답

제5부

: 고급통계

I 장

비모수적 검정

1. 개념

모집단의 분포를 정규분포와 같이 모수(평균, 표준편차 등)가 있는 분포로 가정하고 이에 대한 추론을 하는 모수적 검정과는 달리, 모집단의 분포에 대해 모수형의 가정, 즉 정규분포가 아닌 경우에는 비모수적 검정을 실시한다.

2. 사용 목적

비모수적 검정은 타당하지 않거나 타당성 여부를 확인할 수 없는 모집단의 분포에 대한 가정을 부과하지 않고 통계적 추정과 검정을 실시하는 방법이다. 즉 데이터의 수가 매우 적어서 모집단의 분포가 정규분포인지 의심스러운 경우, 데이터에 이상점이 있는 경우, 히스토그램으로 보아 정규분포보다 꼬리 부분이 두터운 경우에는 비모수적 검증을 사용해야 한다.

3. 기본 가정

비모수적 검정은 자료가 수집된 모집단에 대해 엄격하지 않은 가정을 요구하며 특별히 전통적인 모수통계 방법에 필요한 가정인 정규성 가정을 필요로 하지 않는다. 또한 비모수적 검정은 연구 대상이 되는 변수가 반드시 양적 변수일 필요가 없을 뿐만 아니라, 특이값에 영향을 많이 받지 않고 모수 통계 방법보다 적용과 이해가 용이한 경우가 많다.

4. 기본 원리

비모수적 검정은 모집단의 정규성 가정에 의존하지 않기 때문에, 검정의 정확한 p값, 정확한 확률의 신뢰구간, 다중비교에서의 정확한 일종오류를 제공한다. 그러나 비모수적 검정은 대부분 계산이 간단하기 때문에 쉽고 신속하게 검정할 수 있으며 모집단이 정규분포를 하는 경우에도 모수 통계 방법과 거의 같은 효율성을 갖는다.

5. 연구 상황

학업성취도에 있어 성별(남, 여), 설립유형(국립, 공립, 사립), 사전-사후점수 간의 차이가 있는가?

6. 실행 과정

가. 독립 2-표본 검정

step 1

코딩한 자료를 불러들인 후, [분석]-[비모수 검정]-[독립2-표본]을 클릭한다([그림 I-1] 참조).

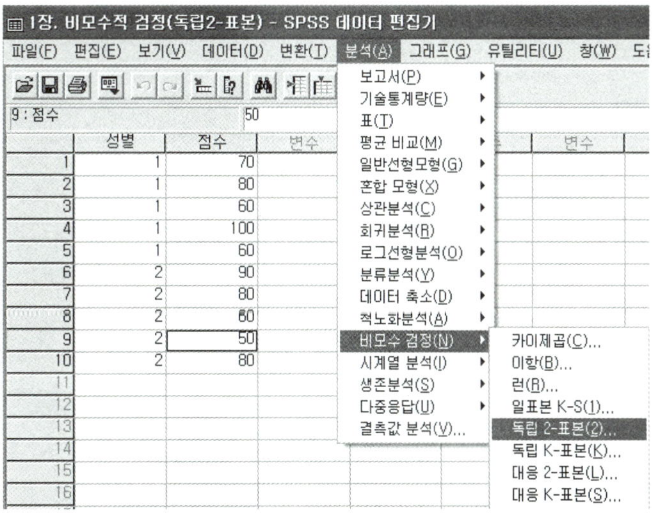

그림 I-1 독립 2-표본 검정

step 2

'점수'를 [검정변수]로 옮기고, [집단변수]에 '성별'을 옮긴다([그림 I-2] 참조).

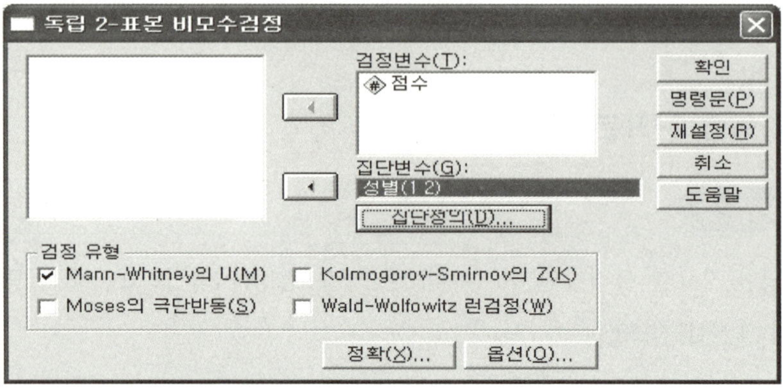

그림 I-2 독립 2-표본 비모수 검정 대화상자

step 3

[집단정의(D)...]를 클릭하여 〈집단1〉에 '1', 〈집단2〉에 '2'를 입력하고 [계속]을 클릭한 뒤, [확인]을 클릭한다([그림 I-3] 참조).

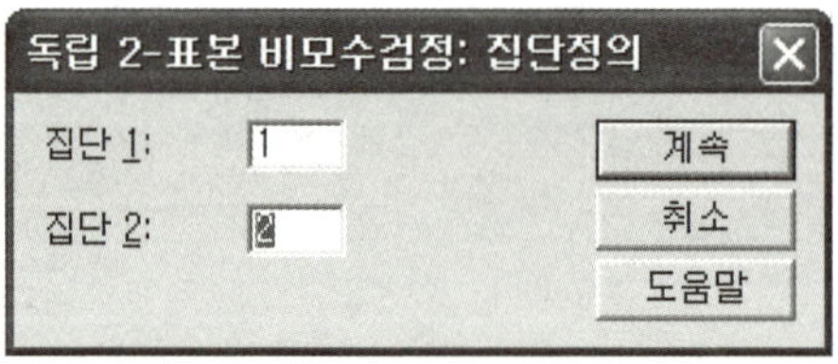

그림 I-3 독립 2-표본 비모수 검정 집단정의 대화상자

나. 독립 K-표본 검정

step 1

코딩한 자료를 불러들인 후, [분석]-[비모수 검정]-[독립K-표본]을 클릭한다([그림 I-4] 참조).

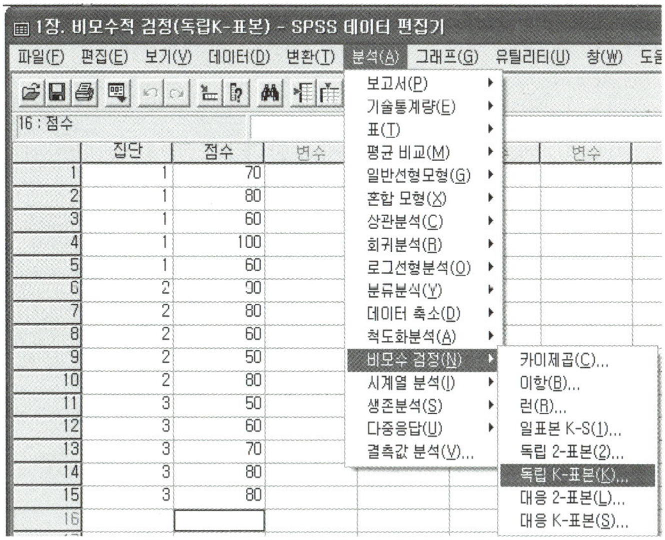

그림 I-4 독립 K-표본 검정

step 2

'점수'를 [검정변수]로 옮기고, [집단변수]에 '집단'을 옮긴다([그림 I-5] 참조).

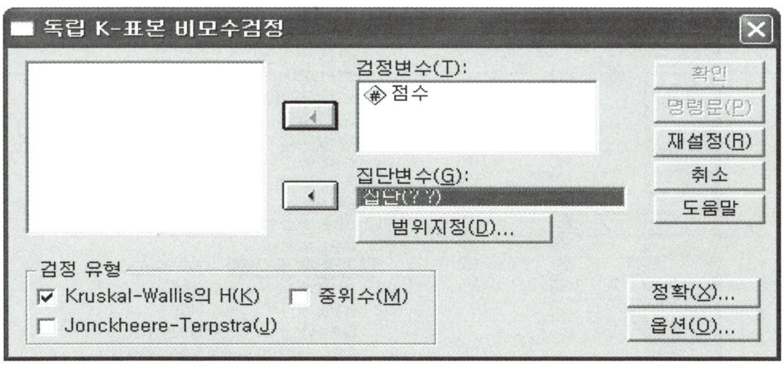

그림 I-5 독립 K-표본 비모수 검정 대화상자

step 3

범위지정(D)... 을 클릭하여 〈최소값〉에 '1', 〈최대값〉에 '3'을 입력하고 계속 을 클릭한 뒤, 확인 을 클릭한다([그림 Ⅰ-6] 참조).

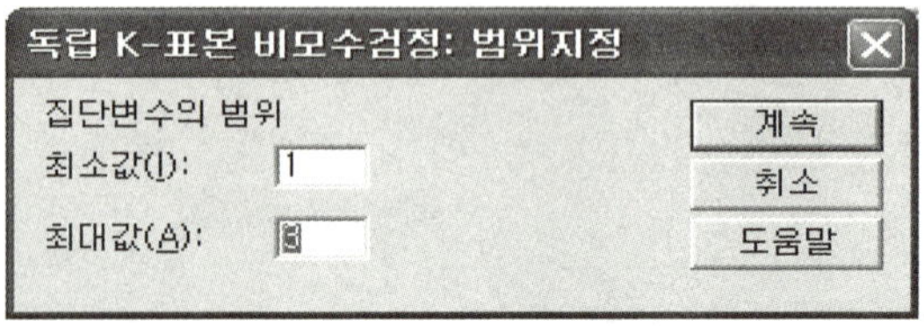

그림 Ⅰ-6 독립 K-표본 비모수 검정 집단정의 대화상자

다. 대응 2-표본 검정

step 1

코딩한 자료를 불러들인 후, [분석]-[비모수 검정]-[대응2-표본]을 클릭한다([그림 Ⅰ-7] 참조).

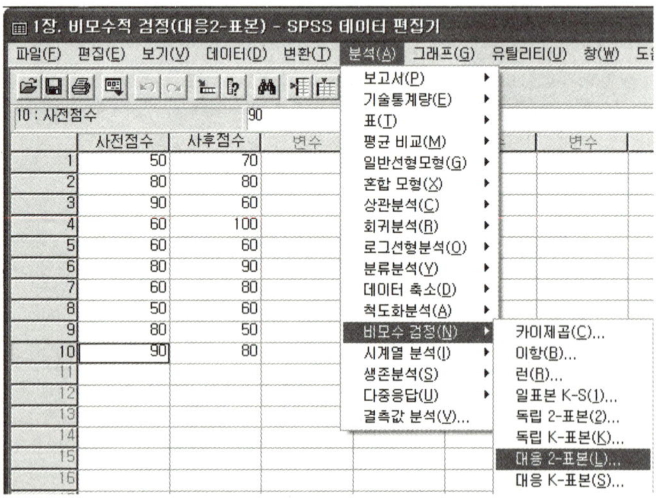

그림 Ⅰ-7 대응 2-표본 검정

step 2

'사전점수'와 '사후점수'를 [검정 대응변수]로 옮기고, 확인 을 클릭한다([그림 I-8] 참조).

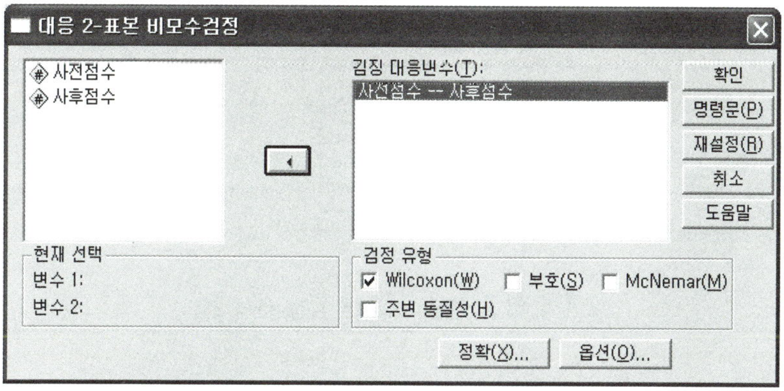

그림 I-8 대응 2-표본 비모수 검정 대화상자

7. 분석 결과 해석

가. 독립 2-표본 검정

남자 학생의 점수가 여자 학생의 점수보다 조금 더 높게 나타났다. 그러나 $p > .05$이기 때문에, 남자 학생과 여자 학생의 점수는 유의미한 차이가 나타나지 않는다고 할 수 있다([그림 I-9] 참조).

Mann-Whitney 검정

순위

	성별	N	평균순위	순위합
점수	남자	5	5.60	28.00
	여자	5	5.40	27.00
	합계	10		

검정 통계량[b]

	점수
Mann-Whitney의 U	12.000
Wilcoxon의 W	27.000
Z	-.107
근사 유의확률(양측)	.915
정확한 유의확률 [2*(단측 유의확률)]	1.000[a]

a. 동률에 대해 수정된 사항이 없습니다.
b. 집단변수: 성별

그림 Ⅰ-9 독립 2-표본 검정 분석 결과

나. 독립 K-표본 검정

세 집단의 점수는 국립학교, 공립학교, 사립학교 순으로 높은 것으로 나타났다. 그러나 $p > .05$이기 때문에, 세 집단의 점수는 유의미한 차이가 나타나지 않는다고 할 수 있다([그림 Ⅰ-10] 참조).

Kruskal-Wallis 검정

순위

	집단	N	평균순위
점수	국립	5	8.50
	공립	5	8.40
	사립	5	7.10
	합계	15	

검정 통계량[a,b]

	점수
카이제곱	.323
자유도	2
근사 유의확률	.851

a. Kruskal Wallis 검정
b. 집단변수: 집단

그림 Ⅰ-10 독립 K-표본 검정 분석 결과

다. 대응 2-표본 검정

p〉.05이기 때문에 프로그램을 적용하기 전의 사전점수와 적용한 후의 사후점수는 유의미한 차이가 나타나지 않는다([그림 I－11] 참조).

Wilcoxon 부호순위 검정

순위

		N	평균순위	순위합
사후점수 - 사전점수	음의 순위	3[a]	5.00	15.00
	양의 순위	5[b]	4.20	21.00
	동률	2[c]		
	합계	10		

a. 사후점수 < 사전점수
b. 사후점수 > 사전점수
c. 사후점수 = 사전점수

검정 통계량[b]

	사후점수 - 사전점수
Z	-.423[a]
근사 유의확률(양측)	.672

a. 음의 순위를 기준으로.
b. Wilcoxon 부호순위 검정

그림 I－11 대응 2-표본 검정 분석 결과

8. 보고서 작성

가. 독립 2-표본 검정

〈표 I－1〉에서도 알 수 있듯이, 남자 학생의 점수가 여자 학생의 점수보다 조금 더 높게 나타났다. 그러나, 5% 유의수준에서 통계적으로 유의미한 차이가 없기 때문에, 남자 학생의 점수와 여자 학생의 점수 차이는 존재하지 않는다(〈표 I－2〉 참조).

표 Ⅰ-1 독립 2-표본 검정 순위 결과 보고서 작성

구분	성별	N	평균 순위	순위합
점수	남	5	5.60	28.00
	여	5	5.40	27.00
	합계	10		

표 Ⅰ-2 독립 2-표본 검정 통계량 결과 보고서 작성

구분	점수
Mann-Whitney의 U	12.000
Wilcoxon의 W	27.000
Z	-.107
근사 유의확률(양측)	.915
정확한 유의확률	1.000

나. 독립 K-표본 검정

〈표 Ⅰ-3〉에서도 알 수 있듯이, 세 집단의 점수는 국립학교, 공립학교, 사립학교 순으로 높은 것으로 나타났다. 그러나, 5% 유의수준에서 통계적으로 유의미한 차이가 없기 때문에, 세 집단의 점수 차이는 존재하지 않는다(〈표 Ⅰ-4〉 참조).

표 Ⅰ-3 독립 K-표본 검정 순위 결과 보고서 작성

구분	집단	N	평균 순위
점수	국립	5	8.50
	공립	5	8.40
	사립	5	7.10
	합계	15	

표 Ⅰ-4 독립 K-표본 검정 통계량 결과 보고서 작성

구분	점수
카이제곱	.323
자유도	2
근사 유의확률	.851

다. 대응 2-표본 검정

5% 유의수준에서 통계적으로 유의미한 차이가 없기 때문에, 사전 점수와 사후 점수의 차이는 존재하지 않는다(〈표 Ⅰ-5〉, 〈표 Ⅰ-6〉 참조).

표 Ⅰ-5 대응 2-표본 검정 순위 결과 보고서 작성

구분		N	평균 순위	순위합
사후점수 사전점수	음의 순위	3	5.00	15.00
	양의 순위	5	4.20	21.00
	동률	2		
	합계	10		

표 Ⅰ-6 대응 2-표본 검정 통계량 결과 보고서 작성

구분	사후점수-사전점수
Z	-.423
근사 유의확률(양측)	.672

Ⅱ 장

정준상관분석

1. 개념

여러 개의 독립변수들의 선형결합으로 하나의 계량적인 종속변수의 값을 추측하는 다중회귀분석과는 달리, 정준상관분석은 다수의 독립변수들과 다수의 종속변수들 간의 상호관계, 즉 두 변수군 간의 관계를 알아보는 방법이다. 이러한 두 변수군을 정준변수라고 하고 정준변수 사이에 계산되는 상관계수를 정준상관계수라고 한다.

2. 사용 목적

정준상관분석은 독립변수 집단과 종속변수 집단 간의 관련성을 탐색할 때 사용하는 것으로 두 변수 집단 간의 상관구조를 가장 잘 설명할 수 있는 변수들의 선형결합을 찾는 분석 방법이다. 정준상관분석의 구체적인 사용 목적은 다음과 같다.

첫째, 두 변수들 집합이 서로 독립적인지 결정하고 독립변수와 종속변수 집합 간에 존재하는 관계의 정도를 측정한다.

둘째, 독립변수 집단과 종속변수 집단 간의 선형결합이 최대의 상관관계를 나타낼 수 있도록 변수들의 계수를 유도한다.

셋째, 정준함수에서 각 변수들의 상대적인 기여도를 비교함으로써 두 집합 간에 존재하는 관계의 본질을 분석한다.

3. 기본 가정

정준상관분석은 종속변수 집단 간에 상관관계가 어느 정도 존재하고 있지만, 이들을 각각의 변수로 분리하기 곤란한 경우에 사용된다. 또한 정준상관분석은 모든 변수들이 동간척도나 비율척도로 측정되어야 분석이 가능하다.

4. 기본 원리

정준상관분석은 독립변수 집단과 종속변수 집단 간의 관련성 정도를 정준상관계수로 표현한다. 또한 독립변수 집단과 종속변수 집단의 정준함수 중에서 상관계수가 최대인 것은 바로 첫 번째 정준상관계수이고 상관계수의 합이 첫 번째 고유값이다.

5. 연구 상황

초등학교 사이버가정학습의 효과성을 향상시키는 종속변수 군으로 학습용이성, 학습유용성, 학습만족도, 학습참여도, 학업성취도와 사이버가정학습의 효과성에 영향을 미치는 독립변수 군으로 튜터의 역할 중에서 내용전문가, 촉진자, 안내자, 관리자로 구분하여 이들 변수 군들을 두 집단화하여 두 집단 사이의 상관구조를 가장 잘 설명할 수 있는 변수들의 정준함수를 알기 위해 정준상관분석을 실시한다.

6. 실행 과정

step 1

코딩한 자료를 불러들인 후, [파일]-[새로 만들기]-[명령문]을 클릭한다([그림 Ⅱ-1] 참조).

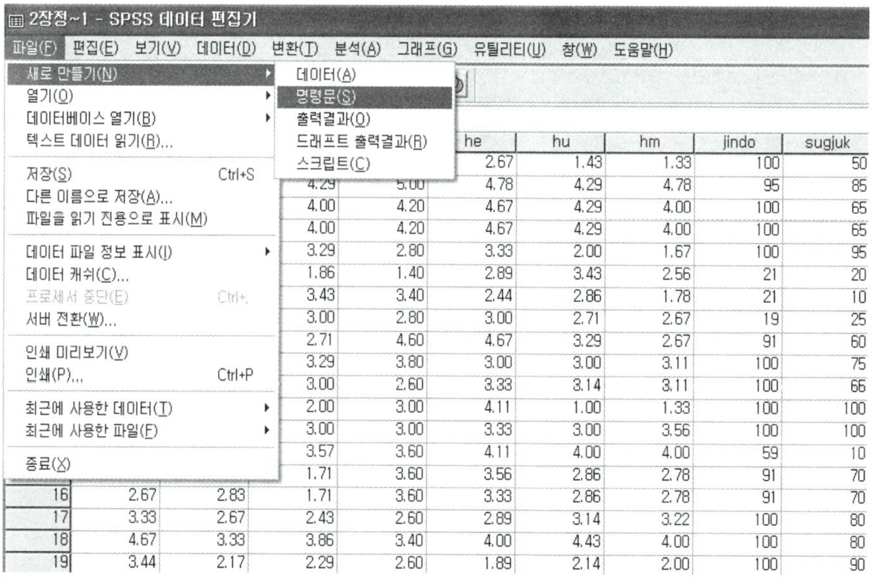

그림 Ⅱ-1 정준상관분석

step 2

[SPSS 명령문 편집기]에 include file 'c:₩Program Files₩SPSS₩Canonical Correlation.sps'. cancorr set1 = tn tc ta tk/ set2 = he hu hm jindo sugjuk/.를 입력한 후, [실행]-[모두]를 클릭한다([그림 Ⅱ-2] 참조).

그림 Ⅱ-2 판별분석 대화상자

7. 분석 결과 해석

가. 변수들의 상관관계

독립변수 군(tn, tc, ta, tk)과 종속변수 군(he, hu, hm, point, sugjuk)의 상관관계를 분석한 결과, 상관관계가 존재하기 때문에, 정준상관분석이 가능하다([그림 Ⅱ-3] 참조).

Correlations Between Set-1 and Set-2

	he	hu	hm	point	sugjuk
tn	.4584	.4446	.4139	.0423	.0496
tc	.3759	.4054	.4138	.0503	.0356
ta	.3261	.3911	.3903	.0287	-.0244
tk	.4496	.3351	.3323	.0793	.0142

그림 Ⅱ-3 변수들의 상관관계

나. 정준상관계수 및 유의 수준

4개의 정준함수 중에서 정준상관계수 값은 정준함수 1(0.588)이 가장 큰 것으로 나타났다. 또한 p<.001에서 정준함수 1과 정준함수 2만 통계적으로 유의미한 것으로 나타났다([그림 Ⅱ-4] 참조).

```
Canonical Correlations
1        .588
2        .215
3        .089
4        .052

Test that remaining correlations are zero:
      Wilk's    Chi-SQ        DF       Sig.
1        .617  391.663    20.000       .000
2        .944   47.060    12.000       .000
3        .989    8.622     6.000       .196
4        .997    2.202     2.000       .333
```

그림 Ⅱ-4 정준상관계수 및 유의 수준

다. 정준 적재값

정준 적재값은 독립변수나 종속변수 중의 한 변수와 그 변수가 속하는 정준 선형결합과의 단순선형계수이다. 정준 적재량을 살펴보면 튜터의 역할 중에서 tk(관리자) 변수가 상관관계를 나타내는 정준 적재값이 높게 나타나 독립변수 집단에서는 tk(관리자)의 영향을 받고 있는 것으로 나타났다([그림 Ⅱ-5] 참조). 또한 종속변수 집단에서는 he(학습용이성) 변수가 상관관계를 나타내는 정준 적재값이 높게 나타나 he(학습용이성)의 영향을 받고 있는 것으로 나타났다([그림 Ⅱ-6] 참조).

```
Standardized Canonical Coefficients for Set-1
            1          2          3          4
tn      -.509       .164      -.960       .737
tc      -.258      -.622      -.567     -1.075
ta      -.158      -.627      1.048       .500
tk      -.301      1.019       .699      -.219
```

그림 Ⅱ-5 독립변수 집단군의 정준 적재값

```
Standardized Canonical Coefficients for Set-2
                1          2          3          4
he          -.552      1.055       .099       .079
hu          -.394      -.387      -.398      1.059
hm          -.222      -.772       .352     -1.088
point       -.035       .214       .152      -.461
sugjuk       .011       .048      -.932      -.370
```

그림 Ⅱ-6 종속변수 집단군의 정준 적재값

라. 정준교차 적재값

정준교차 적재값은 독립변수와 종속변수들의 정준선형결합과의 상관계수를 구하는 것이다. 즉 [그림 Ⅱ-7]은 종속변수 집단군의 정준함수와 독립변수 집단군에 속한 각 변수의 상관관계를 나타내고, [그림 Ⅱ-8]은 독립변수 집단군의 정준함수와 종속변수 집단군에 속한 각 변수의 상관관계를 나타내고 있다.

따라서 내용전문가(tn), 촉진자(tc), 안내자(ta), 관리자(tk)의 튜터 역할을 잘 할수록 학습용이성(he), 학습유용성(hu), 학습만족도(hm)가 높아진다는 것을 알 수 있다.

```
Cross Loadings for Set-1
              1         2         3         4
tn        -.521      .004     -.026      .019
tc        -.460     -.067     -.004     -.028
ta        -.422     -.103      .041      .011
tk        -.457      .106      .027     -.013
```

그림 Ⅱ-7 독립변수 집단군의 정준교차 적재값

```
Cross Loadings for Set-2
              1         2         3         4
he        -.517      .095      .003     -.002
hu        -.494     -.083     -.013      .014
hm        -.479     -.095      .009     -.018
point     -.063      .038      .016     -.026
sugjuk    -.035      .016     -.083     -.017
```

그림 Ⅱ-8 종속변수 집단군의 정준교차 적재값

8. 보고서 작성

가. 정준상관계수 및 유의 수준

일반적으로 정준함수는 유의도가 0.05보다 작은 경우 의미 있는 것으로 판단하는데, 첫 번째 정준상관분석에서는 4개의 정준함수 중에서 정준 1함수와 정준 2함수의 유의도가 통계적으로 유의미한 것으로 나타났다(P<0.001). 즉 정준함수 1에서는 정준상관계수가 0.588이고, 정준함수 2에서는 정준상관계수가 0.215이다.

표 Ⅱ-1 정준상관계수 및 유의 수준 결과 보고서 작성

구분	정준함수1	정준함수2	정준함수3	정준함수4
정준상관계수(Rc)	.588	.215	.089	.052
유의도(p-value)	.000	.000	.196	.333

나. 정준상관계수의 제곱값과 설명력

정준함수 1에서 정준상관계수의 제곱값이 0.311로 정준함수 1이 변량의 31.1%를 설명하고 있음을 나타낸다. 정준함수 1에 나타난 각 변수별 정준 적재값들은 '튜터 역할 중에서 내용전문가의 역할을 잘 할수록 학습용이성이 높아진다'는 정준관계를 암시하고 있다. 정준함수 2에서 정준상관계수의 제곱값이 0.046으로 정준함수 2가 변량의 4.6%를 설명하고 있음을 나타낸다. 정준함수 2에 나타난 각 변수별 정준 적재값들은 '튜터 역할 중에서 촉진자의 역할과 안내자의 역할을 잘 할수록 학습만족도는 높아진다'는 정준관계를 암시하고 있다.

따라서 사이버가정학습에 대한 튜터 역할 중에서 내용전문가 역할은 학습용이성에 많은 영향을 미치고, 촉진자 역할과 안내자 역할은 학습만족도에 많은 영향을 미친다는 것을 알 수 있다.

표 Ⅱ-2 정준상관계수의 제곱값과 설명력 결과 보고서 작성

구분	정준함수1	정준함수2
종속변인군	정준 적재값	
학습용이성	-.552	1.055
학습유용성	-.394	-.387
학습만족도	-.222	-.772
학습참여도	-.035	.214
학업성취도	.011	.048
독립변인군: 튜터 역할	정준 적재값	
내용전문가	-.509	.164
촉진자	-.258	-.622
안내자	-.158	-.627
관리자	-.301	1.019
정준상관계수(Rc)	.588	.215
정준상관계수 제곱(Rc^2)	.311	.046
유의도(p-value)	.000	.000

Ⅲ장

경로분석

1. 개념

경로분석은 몇 개의 변수 간에 어떠한 방향성을 가진 인과모형을 설정하고 각 변수를 연결하는 경로의 영향도를 정량적으로 추정하는 것이다. 즉 경로분석은 변수 사이의 관계를 규명하는 방법으로서 공분산이나 상관계수에 의해 인과분석을 실시한다.

2. 사용 목적

경로분석은 회귀분석에서 파악하기 어려운 직접효과, 간접효과를 쉽게 파악할 수 있고, 연구자에 의해 선정된 변수 간의 관계의 선형구조방정식의 회귀계수를 추정할 수 있다.

3. 기본 가정

경로분석을 실시하기 위한 기본 가정은 다음과 같다.
첫째, 독립변수와 종속변수 간에 공본 관계이어야 한다.
둘째, 특정 독립변수의 변화가 종속변수의 변화보다 시간적으로 앞서야 한다.
셋째, 독립변수와 종속변수의 관계는 직선적이고 합산적이다.

넷째, 변수들은 양적 척도로 구성되어야 하고 잔차 사이에는 상관관계가 존재하지 않는다.

4. 기본 원리

경로분석은 변수들 간의 관계를 기술하는 하나의 이론 및 공식에 기반을 둔 독립된 통계 분석 방법이 아니라, 회귀분석을 통해 연구자가 세운 이론적인 인과모형이 경험적으로 타당한가의 여부를 검토하는 데 사용되는 고차원적 통계 방법이다.

5. 연구 상황

초등학교 사이버가정학습의 학업성취도에 영향을 미치는 튜터 역할, 학습자 상호작용, 콘텐츠 설계, 학습 지원 환경, 학습용이성, 학습유용성 변수들의 인과관계를 분석하기 위해 경로 분석을 실시한다([그림 Ⅲ-1] 참조).

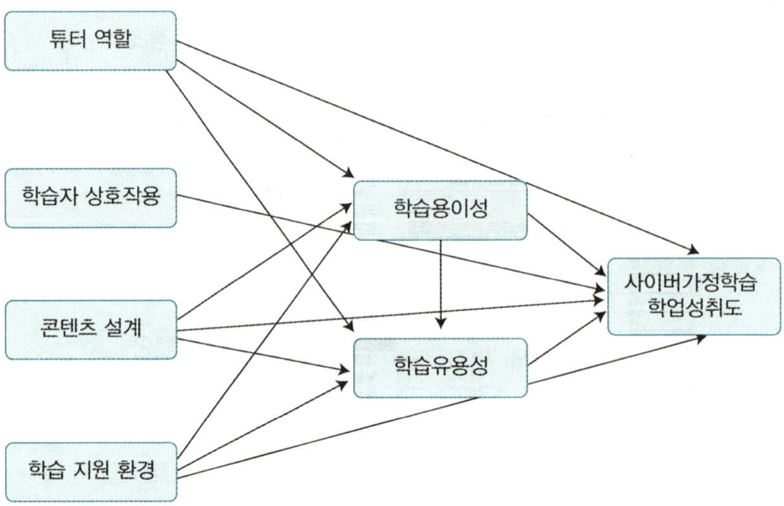

그림 Ⅲ-1 연구 모형

6. 실행 과정

step 1

SPSS 프로그램을 실행시킨 후 각 변수별로 값을 입력한다([그림 Ⅲ-2] 참조).

3장경~1 - SPSS 데이터 편집기

파일(F) 편집(E) 보기(V) 데이터(D) 변환(T) 분석(A) 그래프(G) 유틸리티(U) 창(W) 도움말(H)

1 : tutor 1.78

	tutor	sa	con	wan	he	hu	hm	sugjuk
1	1.78	2.73	3.05	3.01	3.80	3.33	2.13	30
2	2.57	1.85	1.87	3.19	2.80	2.67	2.75	90
3	1.86	1.90	1.92	3.31	3.00	3.00	3.00	70
4	2.57	2.13	1.93	1.91	2.80	1.67	1.50	80
5	2.96	2.40	2.42	2.43	2.60	3.33	2.13	90
6	2.54	1.83	1.83	1.57	4.60	3.17	1.63	80
7	2.69	2.17	2.92	2.71	3.00	1.83	1.00	70
8	3.89	3.00	3.25	3.11	3.00	3.50	3.50	50
9	3.16	1.00	2.74	3.42	5.00	2.00	1.00	90
10	4.01	2.93	4.21	2.96	4.40	3.83	3.13	80
11	3.15	2.95	2.82	2.28	1.40	1.33	1.13	100
12	2.89	2.30	3.17	2.69	3.20	2.83	2.75	100
13	2.83	2.15	2.30	3.47	3.80	3.17	2.25	100
14	2.20	2.20	3.05	2.42	3.00	3.33	1.25	90
15	3.23	2.55	3.61	3.64	3.00	3.33	3.50	80
16	3.21	1.73	3.51	2.72	4.40	3.67	2.63	80
17	2.95	2.58	1.64	2.79	1.00	2.17	2.75	70
18	3.26	3.15	3.07	2.69	3.00	2.83	2.75	70
19	3.45	2.58	2.50	2.78	3.00	3.00	3.00	80
20	3.45	2.13	3.42	3.36	3.00	2.00	1.38	60
21	3.00	3.00	3.64	2.33	5.00	2.83	1.50	100
22	3.66	3.58	4.58	3.60	4.20	4.33	4.00	80
23	2.50	2.60	1.67	2.98	4.60	1.67	1.13	100
24	1.41	1.00	2.71	1.96	1.00	1.17	1.25	70

그림 Ⅲ-2 SPSS 코딩 자료

step 2

Amos 프로그램을 실행시킨 후, 왼쪽에 있는 ← ↔ 를 이용하여 [그림 Ⅲ-3]과 같이 경로도형을 그린다.

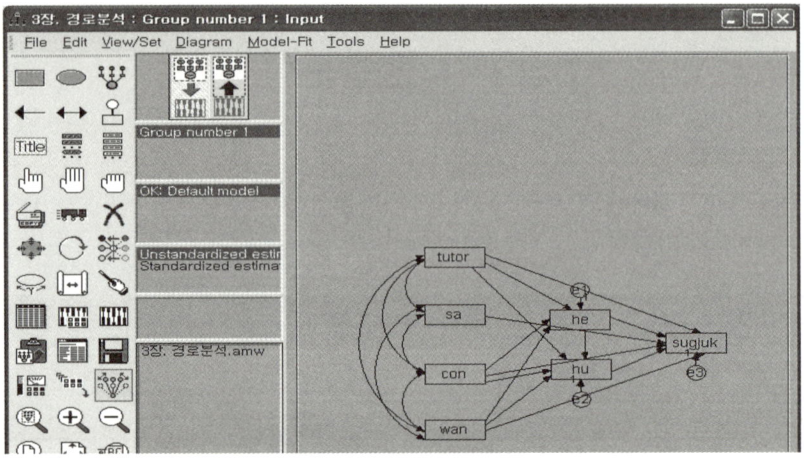

그림 Ⅲ-3 완성된 경로도형

step 3

[View]-[Analysis Properties]-[Output]을 클릭한 후, 〈Minimization history〉, 〈Standardized estimates〉, 〈Indirect, direct & total effects〉, 〈Modification indices〉를 체크한다([그림 Ⅲ-4], [그림 Ⅲ-5] 참조).

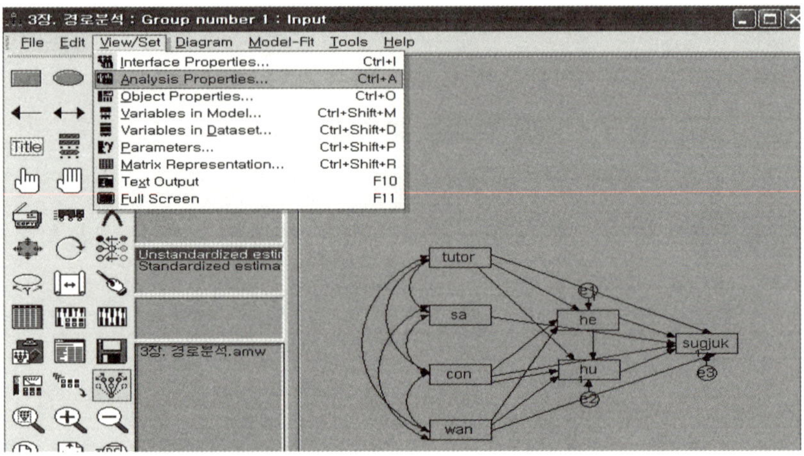

그림 Ⅲ-4 분석을 위한 속성 지정하기

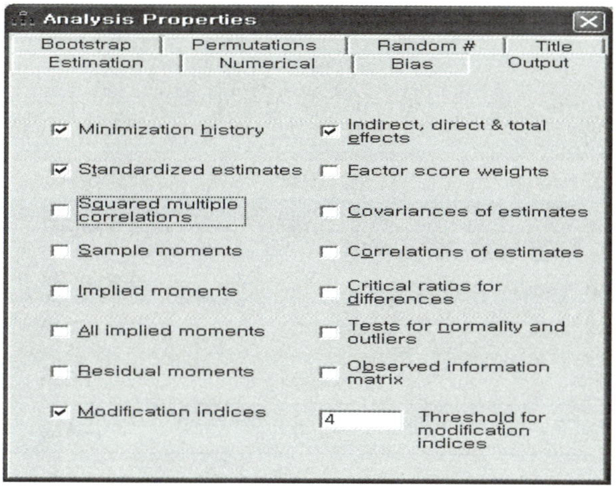

그림 Ⅲ-5 Output 대화상자

step 4

[View]−[Analysis Properties]−[Estimation]을 클릭한 후, 〈Maximum likelihood〉, 〈Estimate means and intercepts〉를 체크한다([그림 Ⅲ-6] 참조).

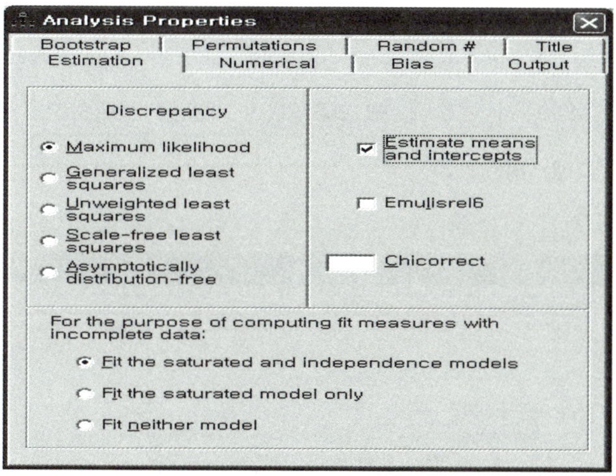

그림 Ⅲ-6 Estimation 대화상자

step 5

[File]−[Data Files]를 클릭한다([그림 Ⅲ−7] 참조).

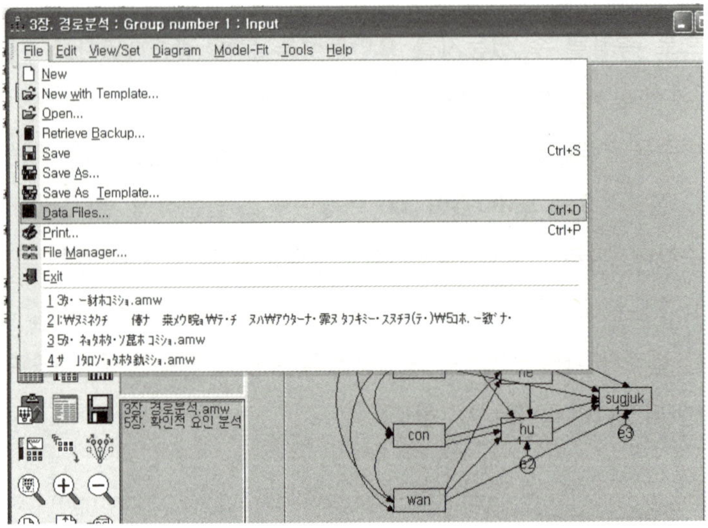

그림 Ⅲ−7 데이터 파일 가져오기(1)

step 6

File Name 을 클릭한 후에, 코딩한 SPSS 자료를 선택하고 OK 를 클릭한다([그림 Ⅲ−8] 참조).

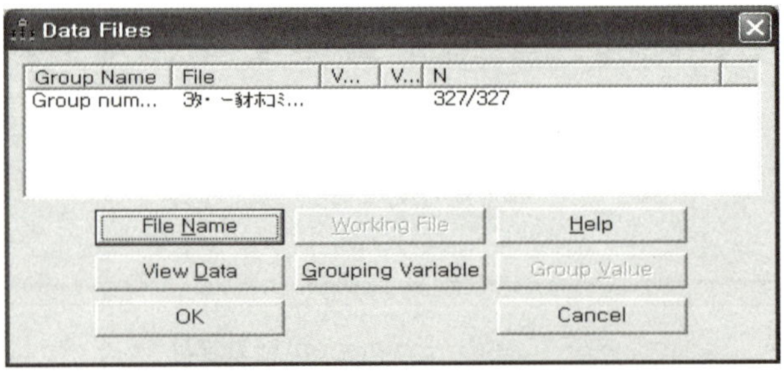

그림 Ⅲ−8 데이터 파일 가져오기(2)

step 7

[Model-Fit]-[Calculate Estimates]를 클릭한다([그림 Ⅲ-9] 참조).

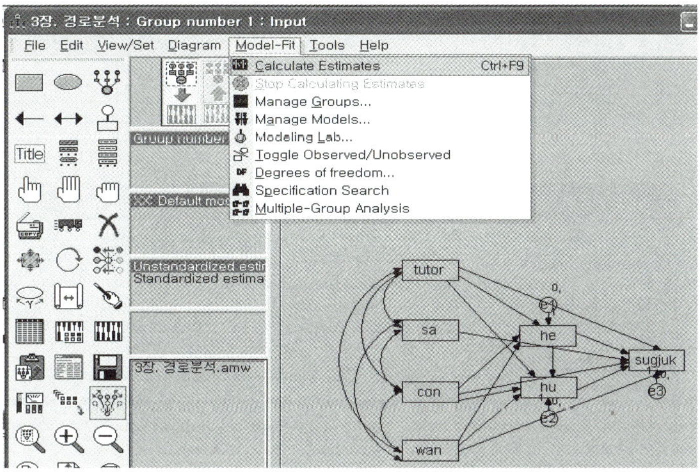

그림 Ⅲ-9 모형 적합도 실행

step 8

[View/Set]-[Text Output]을 클릭한다([그림 Ⅲ-10] 참조).

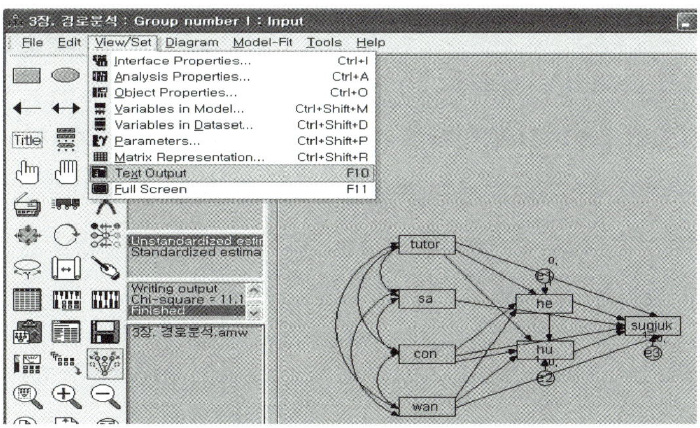

그림 Ⅲ-10 모형 적합도 결과값 보기

7. 분석 결과 해석

가. 모형의 기초 분석

카이제곱(χ^2)값이 11.051이고, 자유도가 2이며 유의수준 1% 수준에서 모집단의 자료에 적합하지 않은 것으로 나타났다([그림 Ⅲ-11] 참조).

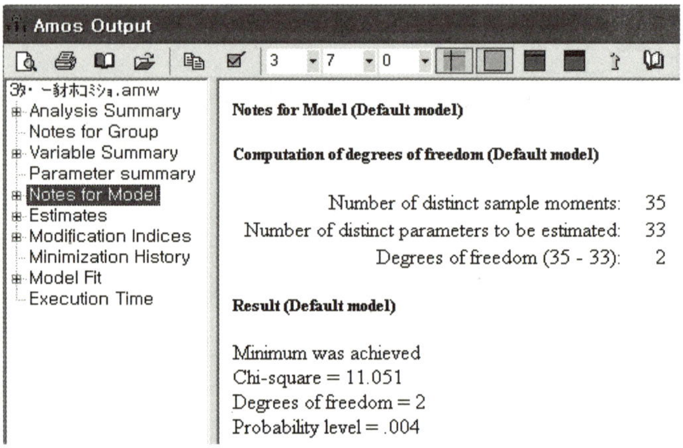

그림 Ⅲ-11 모형의 기초 분석

나. 비표준화 계수

콘텐츠 설계(con)가 학습용이성(he)에 영향을 미치는 경로, 콘텐츠 설계(con)가 학습유용성(hu)에 영향을 미치는 경로, 튜터 역할(tutor)이 학습유용성(hu)에 영향을 미치는 경로는 유의수준 1% 수준에서 통계적으로 유의미한 것으로 나타났다. 그러나 나머지 경로는 통계적으로 유의미하지 않는 것으로 나타났다([그림 Ⅲ-12] 참조).

Regression Weights: (Group number 1 - Default model)

			Estimate	S.E.	C.R.	P	Label
he	<---	con	.407	.072	5.657	***	
he	<---	wan	.108	.104	1.045	.296	
he	<---	tutor	.270	.086	3.137	.002	
hu	<---	he	.120	.038	3.116	.002	
hu	<---	con	.520	.052	9.939	***	
hu	<---	wan	.045	.072	.631	.528	
hu	<---	tutor	.233	.061	3.837	***	
sugjuk	<---	tutor	-.544	2.373	-.229	.819	
sugjuk	<---	wan	3.020	2.679	1.127	.260	
sugjuk	<---	he	-.817	1.448	-.565	.572	
cugjuk	<	hu	.401	2.057	.195	.845	
sugjuk	<---	sa	.325	1.503	.216	.829	
sugjuk	<---	con	-.820	2.245	-.365	.715	

그림 Ⅲ-12 비표준화 계수

다. 표준화 계수

표준화 계수는 자료를 표준화시키고 얻은 회귀계수로 변수 간의 상대적인 영향력을 판단하는 기준이 된다. 콘텐츠 설계(con)가 학습유용성(hu)에 미치는 영향력은 0.513으로 가장 크고, 다음으로 콘텐츠 설계(con)가 학습용이성(he)에 미치는 영향력 0.351 등의 순으로 나타났다([그림 Ⅲ-13] 참조).

Standardized Regression Weights: (Group number 1 - Default model)

			Estimate
he	<---	con	.351
he	<---	wan	.057
he	<---	tutor	.188
hu	<---	he	.137
hu	<---	con	.513
hu	<---	wan	.027
hu	<---	tutor	.185
sugjuk	<---	tutor	-.017
sugjuk	<---	wan	.071
sugjuk	<---	he	-.037
sugjuk	<---	hu	.016
sugjuk	<---	sa	.013
sugjuk	<---	con	-.032

그림 Ⅲ-13 표준화 계수

라. 전체 효과

콘텐츠 설계(con)가 학습용이성(he)에 영향을 미치는 전체 효과는 0.351이고, 콘텐츠 설계(con)가 학습유용성(hu)에 영향을 미치는 전체 효과는 0.561 등으로 나타났다([그림 Ⅲ-14] 참조).

Standardized Total Effects (Group number 1 - Default model)

	con	wan	tutor	he	sa	hu
he	.351	.057	.188	.000	.000	.000
hu	.561	.035	.210	.137	.000	.000
sugjuk	-.036	.070	-.021	-.035	.013	.016

그림 Ⅲ-14 전체 효과

마. 직접 효과

콘텐츠 설계(con)가 학습용이성(he)에 영향을 미치는 직접 효과는 0.351이고, 콘텐츠 설계(con)가 학습유용성(hu)에 영향을 미치는 직접 효과는 0.513 등으로 나타났다([그림 Ⅲ-15] 참조).

Standardized Direct Effects (Group number 1 - Default model)

	con	wan	tutor	he	sa	hu
he	.351	.057	.188	.000	.000	.000
hu	.513	.027	.185	.137	.000	.000
sugjuk	-.032	.071	-.017	-.037	.013	.016

그림 Ⅲ-15 직접 효과

바. 간접 효과

콘텐츠 설계(con)가 학습유용성(hu)에 영향을 미치는 간접 효과는 0.048이고, 튜터 역할(tutor)이 학습유용성(hu)에 영향을 미치는 간접 효과는 0.026 등으로 나타났다([그림 Ⅲ-16] 참조).

Standardized Indirect Effects (Group number 1 - Default model)

	con	wan	tutor	he	sa	hu
he	.000	.000	.000	.000	.000	.000
hu	.048	.008	.026	.000	.000	.000
sugjuk	-.004	-.002	-.004	.002	.000	.000

그림 Ⅲ-16 간접 효과

사. 모형 적합도 지수

일반적으로 CFI, NFI, IFI 등이 0.90 이상일 경우, CMIN(χ^2)/DF값이 5 이하일 경우 모형 적합도가 높다. [그림 Ⅲ-17]의 모형 적합도 지수는 CFI 0.986, NFI 0.984, IFI 0.986 등으로 대체로 높지만, CMIN/DF값이 5.526으로 인해 만족할만한 수준은 아니다.

3ﾀ· ~財木ｺﾐｼｮ.amw
- Analysis Summary
- Notes for Group
- Variable Summary
- Parameter summary
- Notes for Model
- Estimates
- Modification Indices
- Minimization History
- Model Fit
- Execution Time

CMIN

Model	NPAR	CMIN	DF	P	CMIN/DF
Default model	33	11.051	2	.004	5.526
Saturated model	35	.000	0		
Independence model	14	672.167	21	.000	32.008

Baseline Comparisons

Model	NFI Delta1	RFI rho1	IFI Delta2	TLI rho2	CFI
Default model	.984	.827	.986	.854	.986
Saturated model	1.000		1.000		1.000
Independence model	.000	.000	.000	.000	.000

그림 Ⅲ-17 모형 적합도 지수

8. 보고서 작성

가. 모형 적합도 분석

학업성취도를 향상시키기 위한 사이버가정학습 운영 모형의 전반적인 적합도를 분석하기 위해 GFI, AGFI, CFI, NFI, RMSEA 등의 적합도 지수를 검토한 결과, 전반적인 모형 적합도가 만족할만한 수준으로 나타나 모형이 적합하였다(〈표 Ⅲ-1〉 참조).

표 Ⅲ-1 학업성취도 향상을 위한 사이버가정학습 운영 모형의 적합도

X^2	df	X^2/df	GFI	AGFI	CFI	NFI	RMSEA
11.051***	2	5.526	.991	.903	.986	.984	.042

***P〈.001

나. 경로 분석

사이버가정학습의 학업성취도에 영향을 미치는 요인들 간의 경로분석 결과는 [그림 Ⅲ-18]과 같이 도식화할 수 있는데, 사이버가정학습의 학업성취도에 통계적으로 유의미한 영향을 미치는 직접적인 요인은 콘텐츠 설계, 학습 지원 환경, 학습용이성인 것으로 나타났고, 학습용이성에 통계적으로 유의미한 영향을 미치는 직접적인 요인은 튜터 역할, 콘텐츠 설계인 것으로 나타났으며, 학습유용성에 통계적으로 유의미한 영향을 미치는 직접적인 요인은 튜터 역할, 콘텐츠 설계, 학습용이성인 것으로 나타났다.

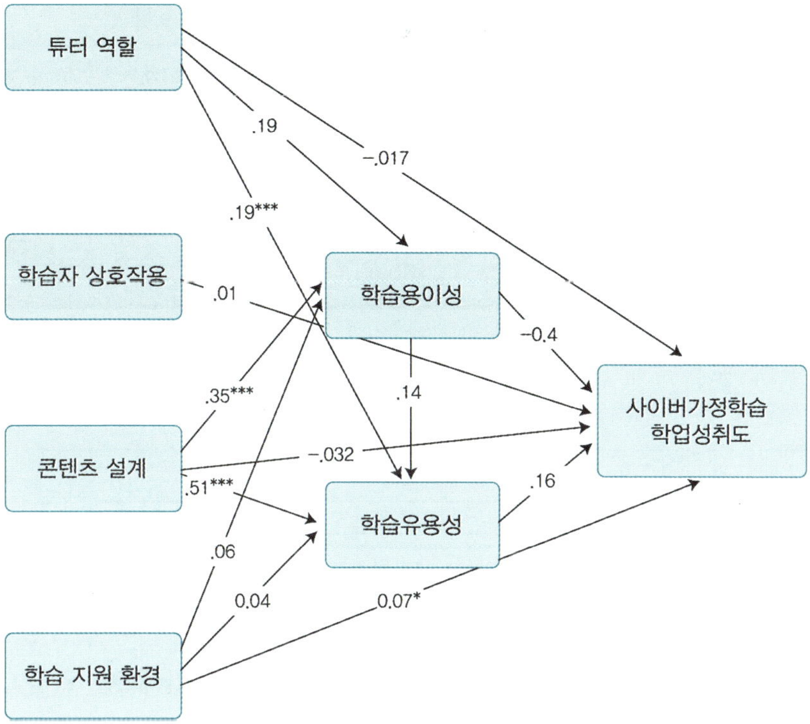

*P〈.05, **P〈.01, ***P〈.001

그림 Ⅲ-18 **학업성취도 향상을 위한 사이버가정학습 운영 모형**

다. 효과 분석

학업성취도의 향상을 위한 과학 교과 사이버가정학습 운영 모형에서 콘텐츠 설계, 학습 지원 환경은 학업성취도에 직접적인 영향을 미치고, 튜터 역할, 콘텐츠 설계는 학습용이성을 매개로 하여 학업성취도에 간접적인 영향을 미치는 것으로 나타났다.

특히 경로분석의 결과를 직·간접 효과 및 전체 효과로 살펴보면, 학업성취도의 전체 효과에 가장 큰 영향을 미치는 요인은 콘텐츠 설계이고, 전체 효과에 가장 작은 영향을 미치는 요인은 학습 지원 환경으로 나타났다(〈표 Ⅲ-2〉 참조).

표 Ⅲ-2 학업성취도에 영향을 미치는 요인들의 직·간접 및 전체 효과

요인	경로	직접효과	간접효과	전체효과
튜터 역할	튜터 역할 → 학업성취도	-.017	-.004	-.021
	튜터 역할 → 학습용이성	.19		.19
	튜터 역할 → 학습유용성	.19***	.026	.21***
학습자 상호작용	학습자 상호작용 → 학업성취도			.13
콘텐츠 설계	콘텐츠 설계 → 학습용이성	.35***		.35***
	콘텐츠 설계 → 학습유용성	.51***	.05	.56***
	콘텐츠 설계 → 학업성취도	-.032	-.004	-.036
학습 지원 환경	학습 지원 환경 → 학습용이성	.06		.06
	학습 지원 환경 → 학습유용성	.04		.04
	학습 지원 환경 → 학업성취도	.071	-.002	.070
학습용이성	학습용이성 → 학습유용성	.14		.14
	학습용이성 → 학업성취도	-.037	.002	-.035
학습유용성	학습유용성 → 학업성취도	.16		.16

*P〈.05, **P〈.01, ***P〈.001

Ⅳ장

구조방정식 모형 분석

1. 개념

구조방정식 모형 분석은 측정모형과 이론모형을 통해서 모형 간의 인과관계를 파악하는 방정식 모형으로서 SEM(Structural Equation Model) 또는 공분산 구조방정식이라고도 한다. 즉 구조방정식 모형은 확인적 요인분석을 통해서 측정오차가 없는 잠재요인을 발견하고 회귀분석으로 잠재요인 간을 연결하는 방법이다.

2. 사용 목적

구조방정식 모형 분석은 회귀분석, 변량분석, 경로분석 등과는 달리 모형에 내재되어 있는 측정오차를 알 수 있을 뿐만 아니라, 측정변수와 이론개념의 두 부분의 관계를 전체적인 관점에서 검증할 수 있다.

3. 기본 가정

구조방정식 모형은 인과관계 분석을 위해 요인분석과 회귀분석을 개선적으로 결합한 형태로서, 구조방정식 모형 분석은 구성개념 간의 이론적인 인과관계와 상관성의 측정지표를 통한 경험적 인과관계를 분석할 수 있도록 개발된 통계 방법이다.

4. 기본 원리

구조방정식 모형 분석은 연구자에 의해 직접 측정되는 관찰변인, 직접 측정이나 관측을 할 수 없는 잠재변인, 다른 변인에 영향을 주는 외생변인, 직·간접적으로 외생변인의 영향을 받는 내생변인 등으로 구분할 수 있다.

특히 모형의 적합도를 분석하기 위해 GFI, AGFI, CFI, NFI, RMSEA 등 다양한 종류의 적합도 지수를 사용한다. 일반적으로 GFI, AGFI, CFI, NFI 등은 0.9 이상이면 모형의 적합도가 우수하고, RMSEA는 0.5 이하이면 모형의 적합도가 우수한 것으로 판단한다.

5. 연구 상황

① 사이버가정학습의 학습효과성에 영향을 미치는 변인으로 튜터 역할, 학습자 상호작용을 상정하고, 이들이 미치는 직·간접적인 영향력을 분석함으로써 튜터 역할, 학습자 상호작용과 학습효과성의 구조적인 관계를 다각적으로 탐색하기 위해 구조방정식 모형 분석을 실시한다([그림 Ⅳ-1] 참조).

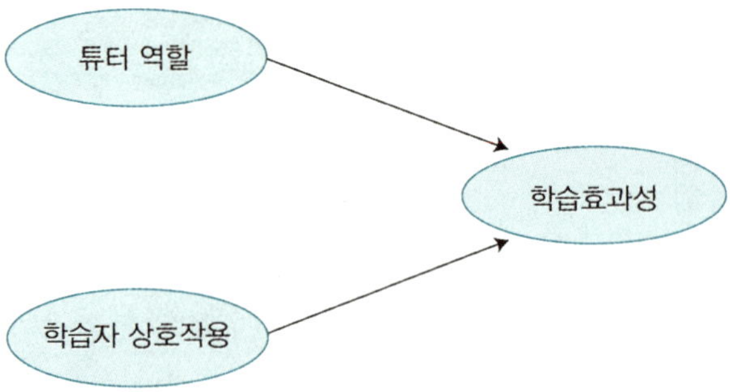

그림 Ⅳ-1 구조방정식 모형 분석을 위한 연구 모형

6. 실행 과정

step 1

SPSS 프로그램을 실행시킨 후 각 변수별로 값을 입력한다([그림Ⅳ-2] 참조).

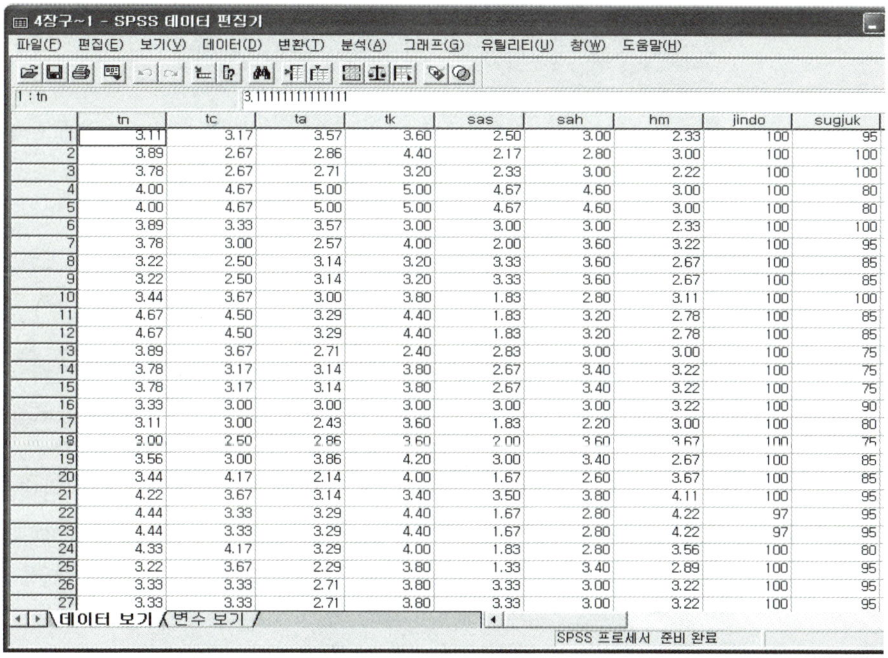

	tn	tc	ta	tk	sas	sah	hm	jindo	sugjuk
1	3.11	3.17	3.57	3.60	2.50	3.00	2.33	100	95
2	3.89	2.67	2.86	4.40	2.17	2.80	3.00	100	100
3	3.78	2.67	2.71	3.20	2.33	3.00	2.22	100	100
4	4.00	4.67	5.00	5.00	4.67	4.60	3.00	100	80
5	4.00	4.67	5.00	5.00	4.67	4.60	3.00	100	80
6	3.89	3.33	3.57	3.00	3.00	3.00	2.33	100	100
7	3.78	3.00	2.57	4.00	2.00	3.60	3.22	100	95
8	3.22	2.50	3.14	3.20	3.33	3.60	2.67	100	85
9	3.22	2.50	3.14	3.20	3.33	3.60	2.67	100	85
10	3.44	3.67	3.00	3.80	1.83	2.80	3.11	100	100
11	4.67	4.50	3.29	4.40	1.83	3.20	2.78	100	85
12	4.67	4.50	3.29	4.40	1.83	3.20	2.78	100	85
13	3.89	3.67	2.71	2.40	2.83	3.00	3.00	100	75
14	3.78	3.17	3.14	3.80	2.67	3.40	3.22	100	75
15	3.78	3.17	3.14	3.80	2.67	3.40	3.22	100	75
16	3.33	3.00	3.00	3.00	3.00	3.00	3.22	100	90
17	3.11	3.00	2.43	3.60	1.83	2.20	3.00	100	80
18	3.00	2.50	2.86	3.60	2.00	3.60	3.67	100	75
19	3.56	3.00	3.86	4.20	3.00	3.40	2.67	100	85
20	3.44	4.17	2.14	4.00	1.67	2.60	3.67	100	85
21	4.22	3.67	3.14	3.40	3.50	3.80	4.11	100	95
22	4.44	3.33	3.29	4.40	1.67	2.80	4.22	97	95
23	4.44	3.33	3.29	4.40	1.67	2.80	4.22	97	95
24	4.33	4.17	3.29	4.00	1.83	2.80	3.56	100	80
25	3.22	3.67	2.29	3.80	1.33	3.40	2.89	100	95
26	3.33	3.33	2.71	3.80	3.33	3.00	3.22	100	95
27	3.33	3.33	2.71	3.80	3.33	3.00	3.22	100	95

그림 Ⅳ-2 SPSS 코딩 자료

step 2

Amos 프로그램을 실행시킨 후, 왼쪽에 있는 ▭ ⬭ ⥾ ← ↔ 웃를 이용하여 [그림 Ⅳ-3]과 같이 경로도형을 그린다.

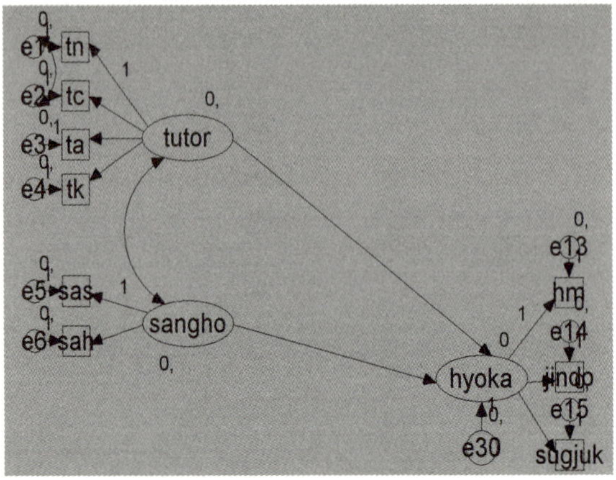

그림 Ⅳ-3 완성된 경로도형

step 3

[View]-[Analysis Properties]-[Output]을 클릭한 후, 〈Minimization history〉, 〈Standardized estimates〉, 〈Indirect, direct & total effects〉, 〈Modification indices〉를 체크한다([그림 Ⅳ-4], [그림 Ⅳ-5] 참조).

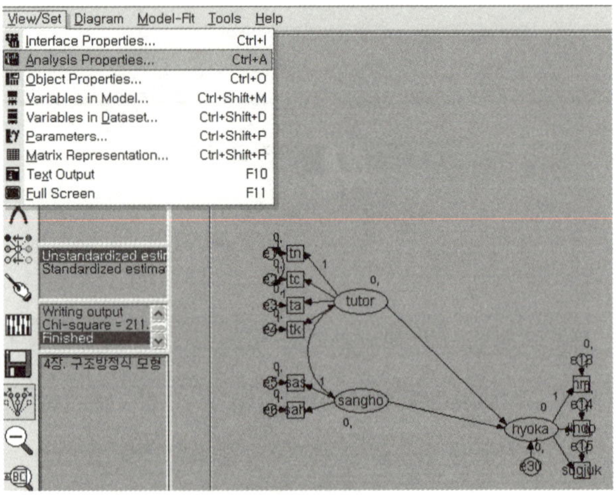

그림 Ⅳ-4 분석을 위한 속성 지정하기

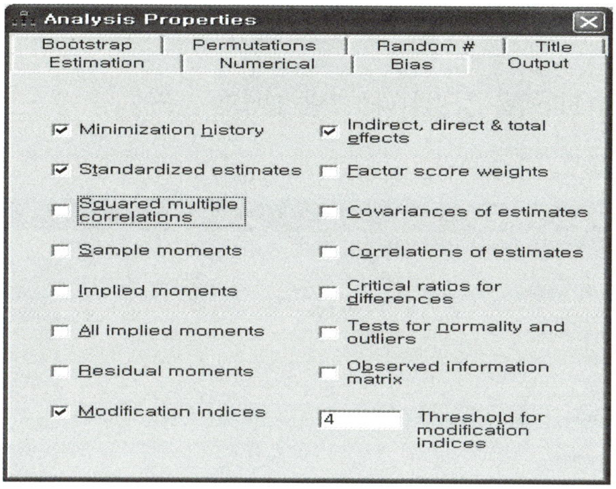

그림 Ⅳ-5 Output 대화상자

step 4

[View]−[Analysis Properties]−[Estimation]을 클릭한 후, 〈Maximum likelihood〉, 〈Estimate means and intercepts〉를 체크한다([그림 Ⅳ−6] 참조).

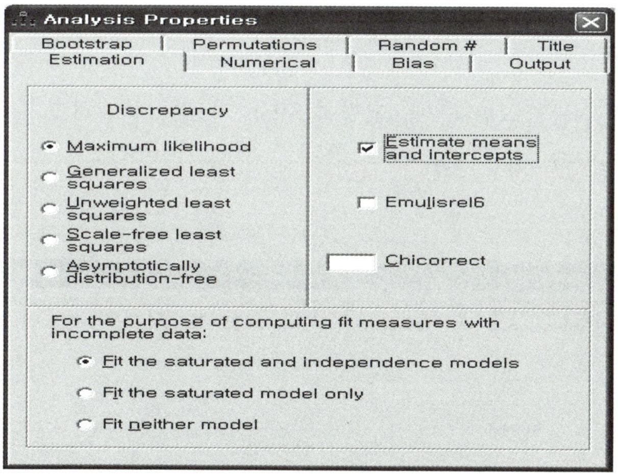

그림 Ⅳ-6 Estimation 대화상자

step 5

[File]－[Data Files]을 클릭한다([그림 Ⅳ－7] 참조).

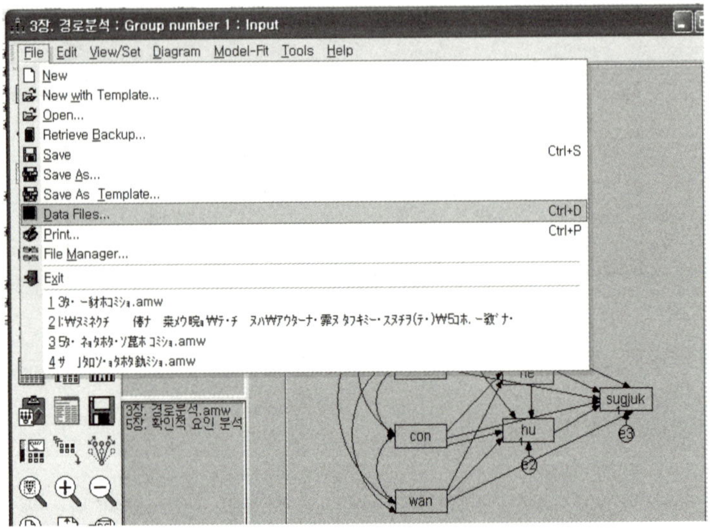

그림 Ⅳ－7 데이터 파일 가져오기(1)

step 6

File Name 을 클릭한 후에, 코딩한 SPSS 자료를 선택하고 OK 를 클릭한다([그림 Ⅳ－8] 참조).

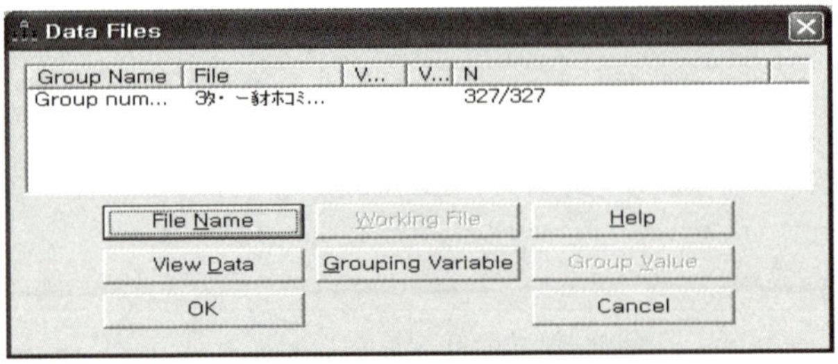

그림 Ⅳ－8 데이터 파일 가져오기(2)

step 7

[Model-Fit]－[Calculate Estimates]를 클릭한다([그림 Ⅳ－9] 참조).

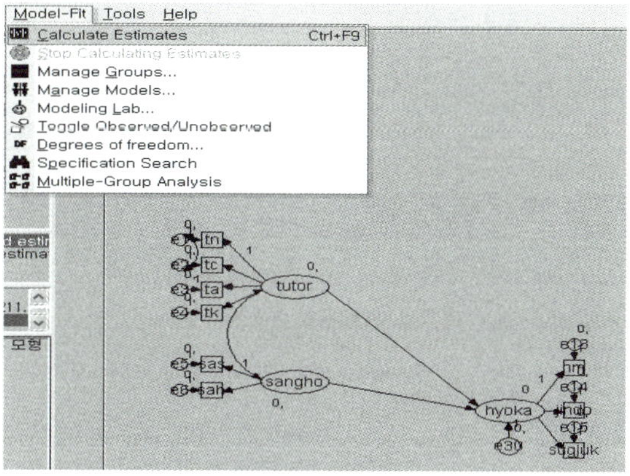

그림 Ⅳ－9 모형 적합도 실행

step 8

[View/Set]－[Text Output]을 클릭한다([그림 Ⅳ－10] 참조).

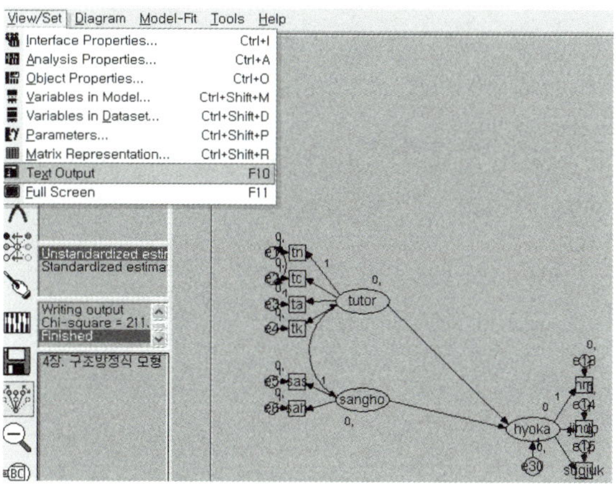

그림 Ⅳ－10 모형 적합도 결과값 보기

7. 분석 결과 해석

가. 모형의 기초 분석

카이제곱(χ^2)값이 211.621이고, 자유도가 23이며 유의수준 1% 수준에서 모형은 모집단의 자료에 적합하지 않은 것으로 나타났다([그림 Ⅳ-11] 참조).

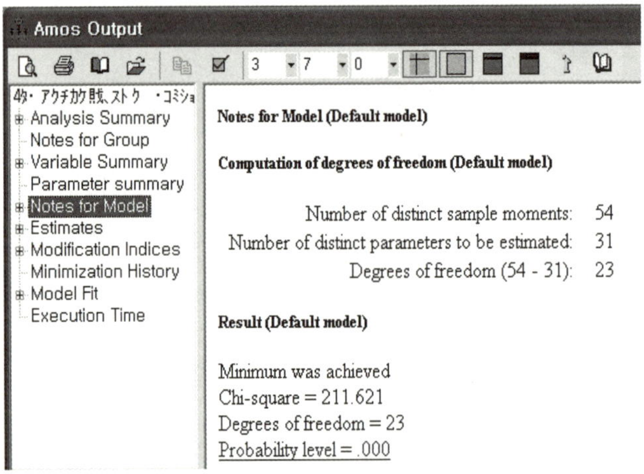

그림 Ⅳ-11 모형의 기초 분석

나. 비표준화 계수

학습효과성(hyoka)이 학습진도(jindo)와 학업성취도(sugjuk)에 영향을 미치는 경로를 제외한 나머지 경로는 유의수준 1% 수준에서 통계적으로 유의미한 것으로 나타났다([그림 Ⅳ-12] 참조).

Regression Weights: (Group number 1 - Default model)

			Estimate	S.E.	C.R.	P
hyoka	<---	sangho	.464	.070	6.652	***
hyoka	<---	tutor	.577	.072	7.978	***
tn	<---	tutor	1.000			
tc	<---	tutor	1.312	.067	19.671	***
ta	<---	tutor	.907	.052	17.555	***
tk	<---	tutor	.945	.056	16.809	***
sas	<---	sangho	1.000			
sah	<---	sangho	1.185	.099	11.988	***
hm	<---	hyoka	1.000			
jindo	<---	hyoka	1.537	1.110	1.385	.166
sugjuk	<---	hyoka	2.132	1.417	1.505	.132

그림 Ⅳ-12 비표준화 계수

다. 표준화 계수

표준화 계수는 자료를 표준화시키고 얻은 회귀계수로 변수 간의 상대적인 영향력을 판단하는 기준이 된다. 튜터 역할(tutor) 중에서 촉진자(tc)에 미치는 영향력은 0.849으로 가장 크고, 학습자 상호작용(sangho) 중에서 학습내용과 관련된 상호작용(sah)에 미치는 영향력은 0.808로 가장 크게 나타났다([그림 Ⅳ-13] 참조).

Standardized Regression Weights: (Group number 1 - Default model)

			Estimate
hyoka	<---	sangho	.449
hyoka	<---	tutor	.501
tn	<---	tutor	.801
tc	<---	tutor	.849
ta	<---	tutor	.693
tk	<---	tutor	.656
sas	<---	sangho	.653
sah	<---	sangho	.808
hm	<---	hyoka	.687
jindo	<---	hyoka	.060
sugjuk	<---	hyoka	.065

그림 Ⅳ-13 표준화 계수

라. 전체 효과

촉진자(tc)가 튜터 역할(tutor)에 영향을 미치는 전체 효과는 0.849이고, 학습만족도(hm)가 학습효과성(hyoka)에 영향을 미치는 전체 효과는 0.687 등으로 나타났다([그림 Ⅳ-14] 참조).

Standardized Total Effects (Group number 1 - Default model)

	sangho	tutor	hyoka
hyoka	.449	.501	.000
sugjuk	.029	.033	.065
jindo	.027	.030	.060
hm	.309	.344	.687
sah	.808	.000	.000
sas	.653	.000	.000
tk	.000	.656	.000
ta	.000	.693	.000
tc	.000	.849	.000
tn	.000	.801	.000

그림 Ⅳ-14 전체 효과

마. 직접 효과

촉진자(tc)가 튜터 역할(tutor)에 영향을 미치는 직접 효과는 0.849이고, 학습내용과 관련된 상호작용(sah)이 학습자 상호작용(sangho)에 영향을 미치는 직접 효과는 0.808 등으로 나타났다([그림 Ⅳ-15] 참조).

Standardized Direct Effects (Group number 1 - Default model)

	sangho	tutor	hyoka
hyoka	.449	.501	.000
sugjuk	.000	.000	.065
jindo	.000	.000	.060
hm	.000	.000	.687
sah	.808	.000	.000
sas	.653	.000	.000
tk	.000	.656	.000
ta	.000	.693	.000
tc	.000	.849	.000
tn	.000	.801	.000

그림 Ⅳ-15 직접 효과

바. 간접 효과

튜터 역할(tutor)이 학습만족도(hm)에 영향을 미치는 간접 효과는 0.344이고, 학습자 상호작용(sangho)이 학습만족도(hm)에 영향을 미치는 간접 효과는 0.309 등으로 나타났다([그림 Ⅳ-16] 참조).

Standardized Indirect Effects (Group number 1 - Default model)

	sangho	tutor	hyoka
hyoka	.000	.000	.000
sugjuk	.029	.033	.000
jindo	.027	.030	.000
hm	.309	.344	.000
sah	.000	.000	.000
sas	.000	.000	.000
tk	.000	.000	.000
ta	.000	.000	.000
tc	.000	.000	.000
tn	.000	.000	.000

그림 Ⅳ-16 간접 효과

사. 모형 적합도 지수

일반적으로 CFI, NFI, IFI 등이 0.90 이상일 경우, CMIN(χ^2)/DF값이 5 이하일 경우 모형 적합도가 높다. [그림 Ⅳ-17]의 모형 적합도 지수는 CFI 0.906, NFI 0.896, IFI 0.907 등으로 대체로 높지만, CMIN/DF값이 9.201으로 인해 만족할만한 수준은 아니다.

CMIN

Model	NPAR	CMIN	DF	P	CMIN/DF
Default model	31	211.621	23	.000	9.201
Saturated model	54	.000	0		
Independence model	18	2042.563	36	.000	56.738

Baseline Comparisons

Model	NFI Delta1	RFI rho1	IFI Delta2	TLI rho2	CFI
Default model	.896	.838	.907	.853	.906
Saturated model	1.000		1.000		1.000
Independence model	.000	.000	.000	.000	.000

그림 Ⅳ-17 모형 적합도 지수

8. 보고서 작성

가. 모형 적합도 분석

학습효과성에 영향을 미치는 사이버가정학습 운영 모형의 전반적인 적합도를 분석하기 위해 GFI, AGFI, CFI, NFI, RMSEA 등의 적합도 지수를 검토한 결과, 전반적인 모형 적합도가 만족할만한 수준으로 나타나 모형이 적합하였다(〈표 Ⅳ-1〉 참조).

표 Ⅳ-1 학업성취도 향상을 위한 사이버가정학습 운영 모형의 적합도

X^2	df	X^2/df	GFI	AGFI	CFI	NFI	RMSEA
211.621***	23	9.201	.991	.903	.906	.896	.042

***P〈.001

나. 구조방정식 모형 분석

최종 모형을 적용하여 앞에서 제시한 가설을 검증한 결과, [그림 Ⅳ-18]과 같이 모든 가설들이 지지되었으며, 각 경로에 기록된 수치는 인과관계의 정도를 의미하는 표준화된 경로계수 값이다.

특히 튜터 역할이 학습효과성에 영향을 미칠 것이라는 가설은 지지되었으며, 표준화된 경로계수 값은 .58로서, 0.1% 수준에서 통계적으로 유의미하게 나타났다. 또한 학습자 상호작용이 학습효과성에 영향을 미칠 것이라는 가설도 지지되었으며, 표준화된 경로계수 값은 .45로서, 0.1% 수준에서 통계적으로 유의미하게 나타났다. 튜터 역할이 학습자 상호작용에 영향을 미칠 것이라는 가설도 지지되어 표준화된 경로계수 값은 .58로 1% 수준에서 통계적으로 유의미하게 나타났다.

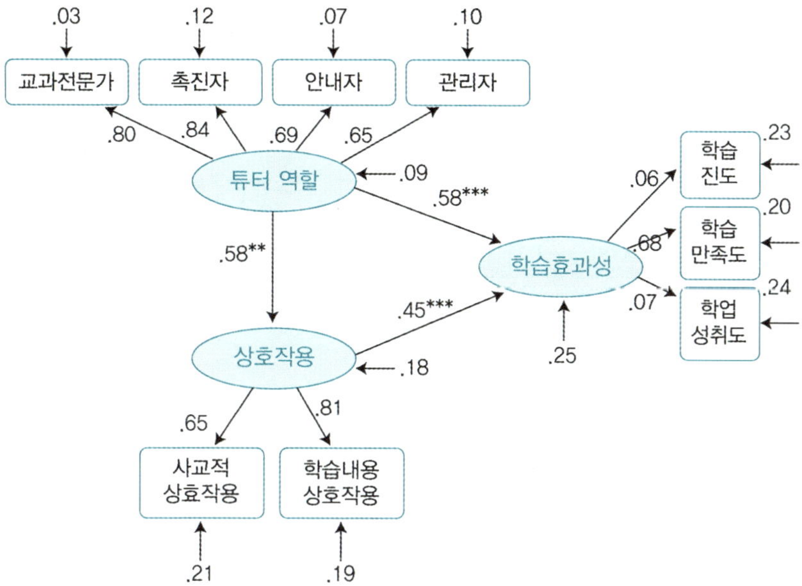

*P〈.05, **P〈.01, ***P〈.001

그림 Ⅳ-18 학습효과성에 영향을 미치는 구조방정식 모형 분석

다. 효과 분석

학습효과성에 영향을 미치는 구조방정식 모형을 분석한 결과 튜터 역할과 학습자 상호작용은 학습효과성에 직접적인 영향을 미치는 것으로 나타났고, 튜터 역할은 학습효과성에 간접적인 영향을 미치는 것으로 나타났다.

특히 구조방정식 모형 분석의 결과를 직·간접 효과 및 전체 효과로 살펴보면, 학습효과성의 전체 효과에 가장 큰 영향을 미치는 요인은 튜터 역할이고, 학습효과성의 전체 효과에 가장 작은 영향을 미치는 요인은 학습자 상호작용으로 나타났다(〈표 Ⅳ-2〉 참조).

표 Ⅳ-2 구조방정식 모형 분석 요인들의 직·간접 및 전체 효과

추정 변인	구조 경로	직접효과	간접효과	전체효과
학습자 상호작용	학습자 상호작용 → 학습효과성	.45***	·	.45***
튜터 역할	튜터 역할 → 학습효과성	.58***	.26**	.84***
	튜터 역할 → 학습자 상호작용	.58**		.58**

*P〈.05, **P〈.01, ***P〈.001

V 장

확인적 요인분석

1. 개념

이론상으로 체계화되거나 정립되지 않은 연구에서 연구의 방향을 파악하기 위해 탐색적인 목적으로 실시하는 탐색적 요인분석과는 달리, 확인적 요인분석은 이론적인 배경을 기초로 변수들 간의 관계를 미리 설정해 놓은 상태에서 요인분석을 실시하는 경우를 의미한다.

2. 사용 목적

확인적 요인분석은 연구자의 지식에 근거하여 내재된 요인 차원 및 가설을 확인하는 수단으로 사용할 수 있다.

3. 기본 가정

확인적 요인분석은 이미 탐색적으로 연구가 되었거나 이론적인 논의에 의해 측정 구조 형태가 강하게 가설화되고 이것을 확인하는 과정을 거친다.

4. 기본 원리

확인적 요인분석은 이론적인 배경하에서 변수들 간의 기존 관계를 설정하고 요인분석을 이용하여 그 관계가 성립하는지 여부를 실증하는 데 사용하는 방법이다.

5. 연구 상황

① 탐색적 요인분석을 통해 도출된 학습자 상호작용의 측정 도구의 타당성을 확인하기 위한 목적으로 확인적 요인분석을 실시한다([그림 V-1] 참조).

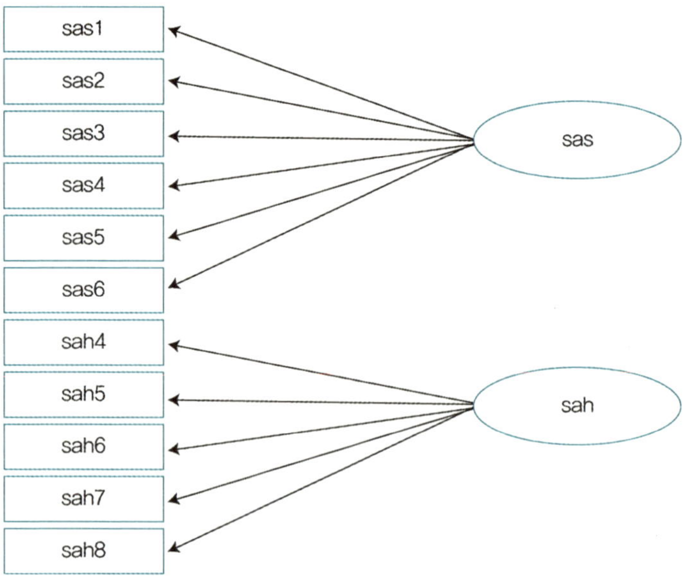

그림 V-1 확인적 요인분석 연구 모형

6. 실행 과정

step 1

SPSS 프로그램을 이용해 탐색적 요인분석을 실시한 결과 파일을 입력한다 ([그림 V-2] 참조).

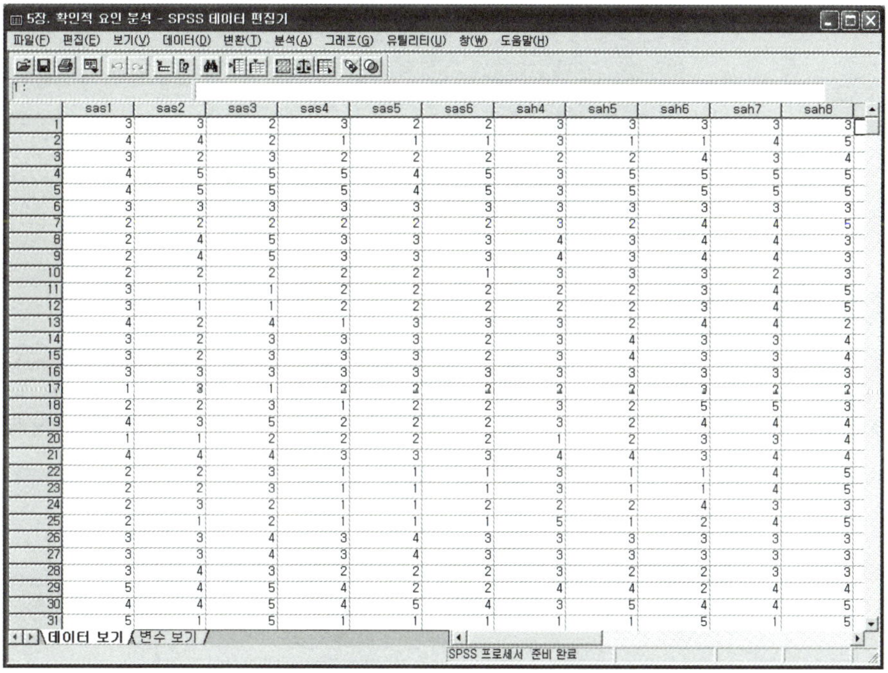

그림 V-2 SPSS 코딩 자료

step 2

Amos 프로그램을 실행시킨 후, 왼쪽에 있는 를 이용하여 [그림 V-3]과 같이 경로도형을 그린다.

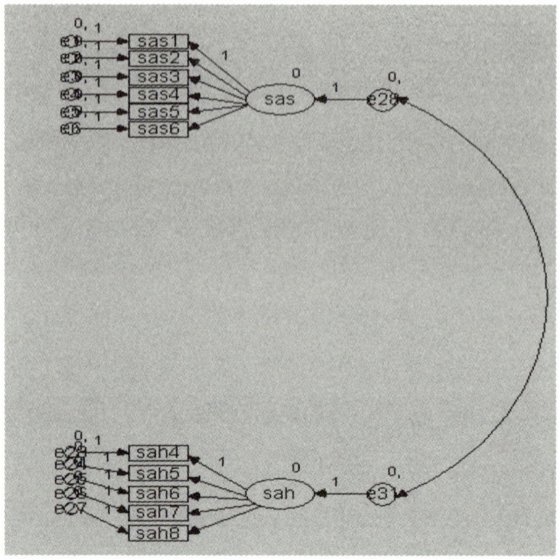

그림 V-3 완성된 경로도형

step 3

[View]-[Analysis Properties]-[Output]을 클릭한 후, 〈Minimization history〉, 〈Standardized estimates〉, 〈Indirect, direct & total effects〉, 〈Modification indices〉를 체크한다([그림 V-4] 참조).

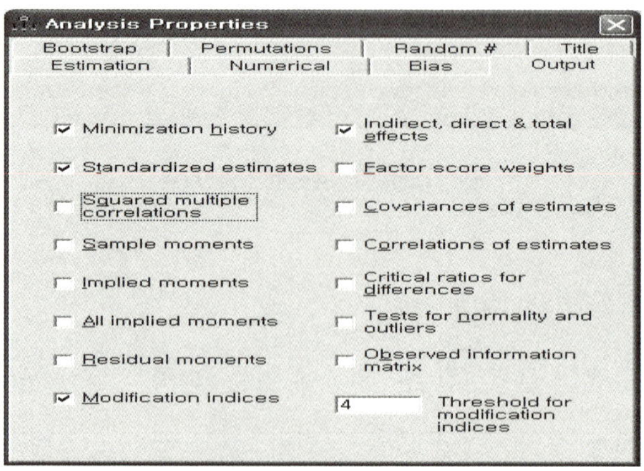

그림 V-4 Output 대화상자

step 4

[View]－[Analysis Properties]－[Estimation]을 클릭한 후, 〈Maximum likelihood〉, 〈Estimate means and intercepts〉를 체크한다([그림 V－5] 참조).

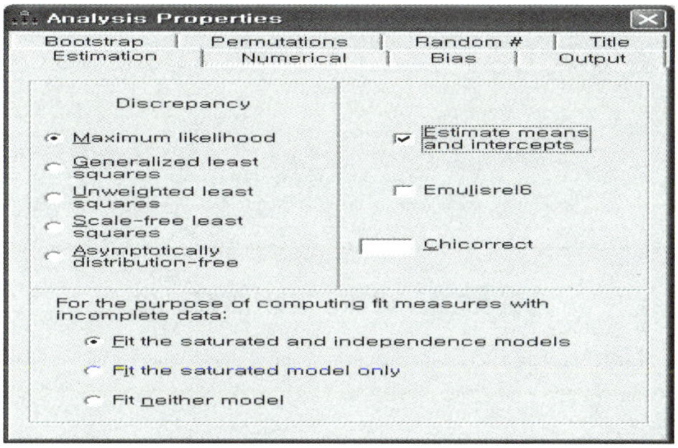

그림 V－5 Estimation 대화상자

step 5

[File]－[Data Files]를 클릭한다([그림 Ⅲ－6] 참조).

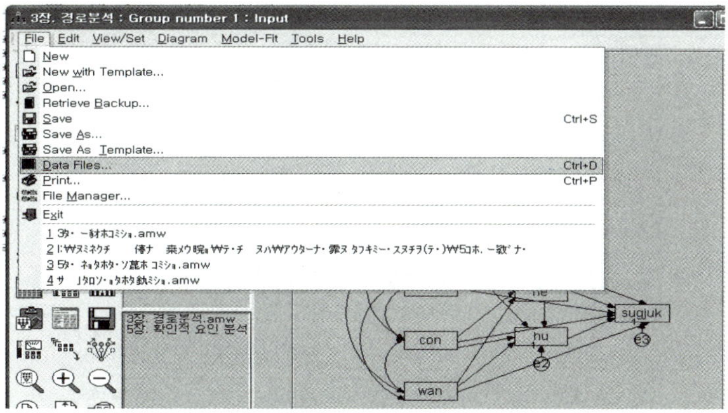

그림 V－6 데이터 파일 가져오기(1)

step 6

File Name을 클릭한 후에, 코딩한 SPSS 자료를 선택하고 OK를 클릭한다([그림 Ⅲ-7] 참조).

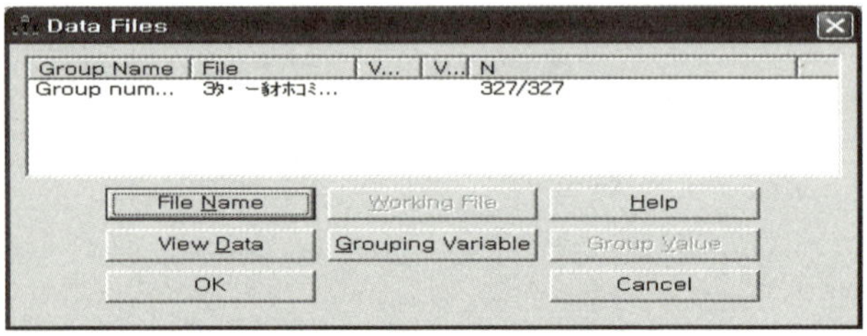

그림 Ⅴ-7 데이터 파일 가져오기(2)

step 7

[Model-Fit]-[Calculate Estimates]를 클릭한 다음에, [View/Set]-[Text Output]을 클릭한다([그림 Ⅴ-8], [그림 Ⅲ-9] 참조).

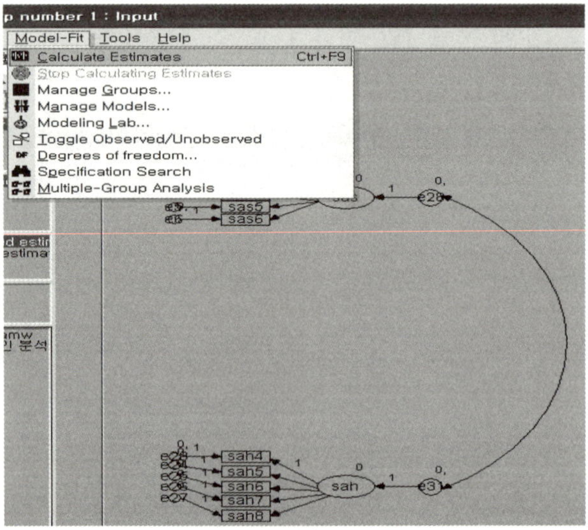

그림 Ⅴ-8 확인적 요인분석 실행

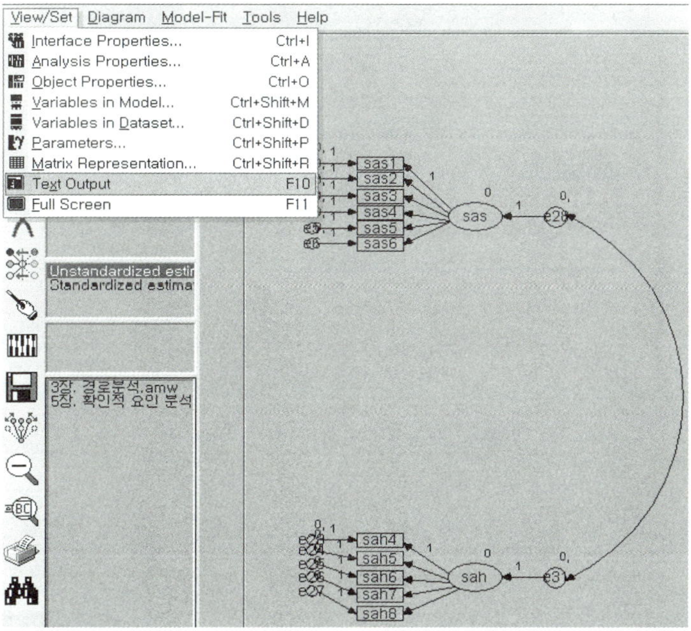

그림 V-9 확인적 요인분석 연구모형 적합도 결과값 보기

7. 분석 결과 해석

가. 최초 모형의 기초 분석

카이제곱(χ^2)값이 365.491이고, 자유도가 43이며 유의수준 1% 수준에서 모형은 모집단의 자료에 적합하지 않은 것으로 나타났다([그림 V-10] 참조).

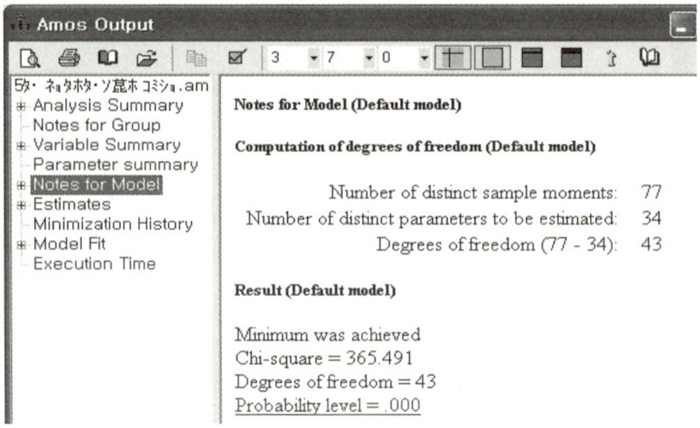

그림 V-10 모형의 기초 분석

나. 최초 모형 적합도 분석

일반적으로 CFI, NFI, IFI 등이 0.90 이상일 경우, CMIN(χ^2)/DF값이 5 이하일 경우 모형 적합도가 높다. [그림 V-11]의 모형 적합도 지수는 CFI 0.905, NFI 0.894, IFI 0.906 등으로 대체로 높지만, CMIN/DF값이 8.500으로 인해 만족할만한 수준은 아니다. 따라서 문항을 제거한 후 다시 모형의 적합도를 측정해 보고 가장 적합도가 높은 모형이 나오도록 한다.

CMIN

Model	NPAR	CMIN	DF	P	CMIN/DF
Default model	34	365.491	43	.000	8.500
Saturated model	77	.000	0		
Independence model	22	3459.980	55	.000	62.909

Baseline Comparisons

Model	NFI Delta1	RFI rho1	IFI Delta2	TLI rho2	CFI
Default model	.894	.865	.906	.879	.905
Saturated model	1.000		1.000		1.000
Independence model	.000	.000	.000	.000	.000

그림 V-11 모형 적합도 지수

다. 문항 제거 후 모형의 기초 분석

'sas1'문항과 'sah8'문항을 제거한 후, 카이제곱(χ^2)값이 113.455이고, 자유도가 26이며 유의수준 1% 수준에서 모형은 모집단의 자료에 적합하지 않은 것으로 나타났다([그림 V-12] 참조).

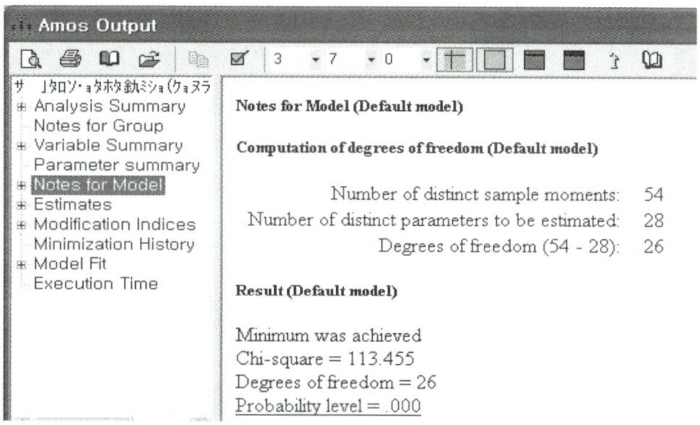

그림 V-12 문항 제거 후 모형의 기초 분석

라. 문항 제거 후 모형 적합도 분석

'sas1'문항과 'sah8'문항을 제거한 후, [그림 V-13]의 모형 적합도 지수는 CFI 0.949, NFI 0.935, IFI 0.949 등으로 대체로 높고, CMIN/DF값도 4.364로서 모형의 적합도가 높다.

CMIN

Model	NPAR	CMIN	DF	P	CMIN/DF
Default model	28	113.455	26	.000	4.364
Saturated model	54	.000	0		
Independence model	18	1739.570	36	.000	48.321

Baseline Comparisons

Model	NFI Delta1	RFI rho1	IFI Delta2	TLI rho2	CFI
Default model	.935	.910	.949	.929	.949
Saturated model	1.000		1.000		1.000
Independence model	.000	.000	.000	.000	.000

그림 V-13 문항 제거 후 모형 적합도 지수

마. 표준 부하량

'sas1'문항과 'sah8'문항을 제거한 후, 표준 부하량은 [그림 V-14]와 같이 0.5에서 0.9 사이에 있는 것으로 나타났다.

Standardized Regression Weights: (Group number 1 - Default model)

			Estimate
sas2	<---	sas	.506
sas3	<---	sas	.576
sas4	<---	sas	.878
sas5	<---	sas	.812
sas6	<---	sas	.763
sah4	<---	sah	.745
sah5	<---	sah	.821
sah6	<---	sah	.613
sah7	<---	sah	.542

그림 V-14 표준 부하량

8. 보고서 작성

가. 확인적 요인분석 모형의 적합도

확인적 요인분석을 위한 측정 모형에서 AMOS 5.0 프로그램을 이용하여 최우추정법(Maximum Likelihood estimation)을 적용하였다. 적합도 지수들은 측정 모형이 경험 자료를 잘 설명하고 있다는 것을 보여 주고 있으며, 모든 측정 변인들은 0.1% 수준에서 통계적으로 유의미한 것으로 나타났다. 이는 모든 측정 변인들이 각각의 잠자 변인에 잘 포함되어 있을 뿐만 아니라, 각각의 측정 변인들이 해당 잠재변인을 잘 설명하고 있음을 의미한다(〈표 Ⅴ-1〉, [그림 Ⅴ-15] 참조).

표 Ⅴ-1 학습자 상호작용 측정도구의 확인적 요인분석 모형의 적합도

X^2	df	X^2/df	GFI	CFI	NFI	RMSEA
113.455***	26	4.364	.908	.949	.935	.047

***P〈.001

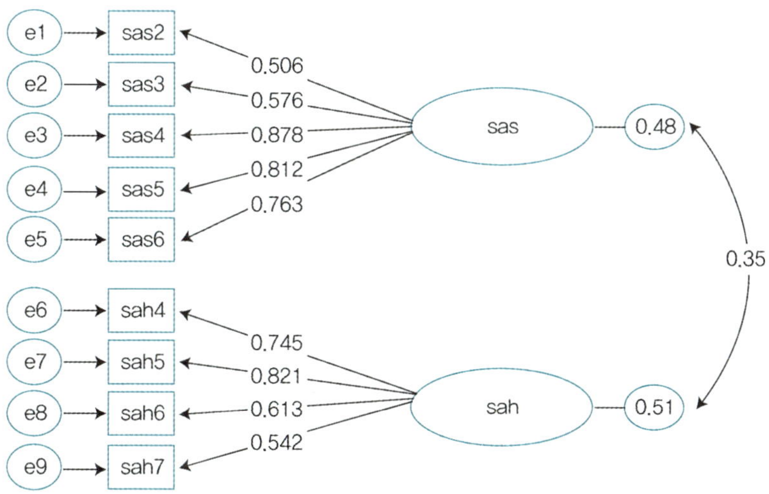

그림 Ⅴ-15 학습자 상호작용의 확인적 요인분석을 위한 측정 모형

나. 최종 측정도구

학습자 상호작용의 최종 측정도구는 사교적인 상호작용(sas)과 학습내용과 관련된 상호작용(sah)의 하위 요인으로 명명하였다.

표 V-2 학습자 상호작용의 최종 측정도구

하위 요인	문항 번호	문항 내용
사교적인 상호작용	sas2	나는 토론에 참여했을 때, 다른 사람의 의견에 상관없이 내 의견을 마음껏 표현한다.
	sas3	나는 e-스터디에서 공부할 때, 친구들과 간단한 인사를 주고받는다.
	sas4	나는 e-스터디에서 e-메일로 친구들과 사적인 내용을 자주 주고받는다.
	sas5	나는 e-스터디에서 쪽지로 친구들과 사적인 내용을 자주 주고받는다.
	sas6	나는 e-스터디에서 문자메시지로 친구들과 사적인 내용을 자주 주고받는다.
학습내용과 관련된 상호작용	sah4	나는 e-스터디에서 친구들과 의견을 주고받는 것이 재미있고 즐겁다.
	sah5	나는 e-스터디에서 공부하는 내용과 관련된 의견을 친구들과 자주 주고받는다.
	sah6	나는 e-스터디에서 공부하다가 모르는 것이 있으면 친구들에게 질문을 한다.
	sah7	나는 e-스터디에서 공부하다가 친구가 모르는 것을 나에게 질문하면 답변을 해 준다.

VI 장

위계선형분석(HLM)

1. 개념

HLM(Hierarchical Linear Model)은 Lindley & Smith(1972) & Smith(1973)가 처음 사용하였으며, 일반적으로 위계적 선형모형 또는 다층모형(Multilevel Models)으로 불린다.

2. 사용 목적

연구자료들의 성격상 다층구조(Multilevel) 또는 위계적(Hierarchical) 구조를 지닌 경우가 많은데, 일반적인 회귀분석 기법으로는 학급, 학교를 단위로 하는 교육학 관련 분야에서 개인 수준과 구조 수준의 변수들이 같은 층위에서 해석되는 생태학적 오류(ecological fallacy)를 범할 가능성이 높게 나타난다.

따라서 학생은 1수준(Level 1), 학급이나 학교는 2수준(Level 2) 단위로 해서 양쪽 층위에서 자료를 분석할 필요가 있다.

3. 기본 원리

가. 모형설정

다층자료를 적용하기 위해서는 먼저 학생수준, 학교수준에서 어떤 변인들을 볼 것인지에 대한 연구모형이 〈표 Ⅵ-1〉의 예시와 같이 설정되어야 한다[1].

표 Ⅵ-1 연구모형

모형		투입변인
모형1(기초모형)		10월 학업성취도(종속변인)
중간모형	모형2	3월 준비도검사+성별+SES평균
	모형3	3월 준비도검사+성별+SES평균+부모-자녀관계
연구모형	모형4	교사성별+학교규모+학교소재지+학교SES평균
	모형5	교사성별+학교규모+학교소재지+학교SES평균+학교 내 사회적 자본 (교사-학생관계, 학생-학생관계, 네트워크, 유대약화, 생활통제, 기대)

나. 코딩

학생수준, 학교 수준의 2수준으로 다층모형을 분석할 경우 SPSS프로그램에서 [그림 Ⅵ-1], [그림 Ⅵ-2]와 같이 학생수준 파일 1개, 학교수준 파일 1개를 각각 코딩하여야 하며, 학생수준, 학급수준, 학교수준의 3수준으로 분석할 경우는 학생수준 파일1개, 학급수준 파일1개, 학교수준 파일1개를 각각 따로 코딩하여야 한다.

즉 60개의 초등학교를 표집하였고, 표집학생 수가 1,592명일 경우 학생수준의 파일에서 id를 생성하여야 하는데, 즉 1,592명의 학생들마다 학교 수를 따라 60번

1) 연구모형은 독립변인을 연구목적에 따라 단계적으로 투입하였다. 기초모형(모형1-Unconditional Model)은 설명해야 할 학업성취도의 학생과 학교분산과 전체 분산 중에서 학교의 분산의 비율을 알아보기 위해 설정하였다. 기초모형은 학생수준 방정식과 교사수준 방정식에 어떠한 독립변인도 포함시키지 않은 모형이며, 위계적 선형모형의 가장 하위 단계인 무선효과 일원변량분석 모형(one-way ANOVA with random effects)에 해당한다. 중간모형(모형2-3월 준비도검사, 성별, SES평균, 모형3-부모-자녀관계) 예측변인인 학생수준의 변인을 단계적으로 투입하였다. 중간모형(모형2, 모형3)은 기초 모형에 개인수준의 변인을 반영한 것으로 위계적 선형모형의 하위 모형 중 무선-계수 모형(random-coefficient model)의 변형이라고 할 수 있다(Raudenbush & Bryk, 2005). 연구모형(모형 4, 모형5)은 중간 모형 2수준 방정식에 학교 수준 독립변인들을 투입한 모형으로 학교수준에서 학업성취에 영향을 미치는 교사성별, 학교규모, 학교소재지, 학교SES평균, 학교 내 사회적 자본 변인들을 분석에 투입하였다.

의 id를 학생들에게 부여하여야 한다. 학교수준 코딩파일에서 학교 id는 1번-60번까지 부여하고, 해당변인들의 평균값을 직접 계산해서 코딩하여야 한다.

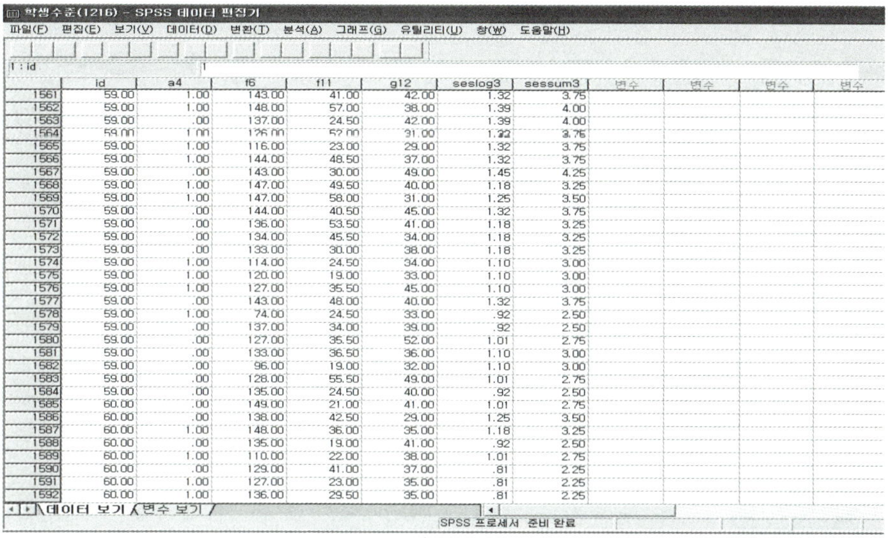

	id	a4	f6	f11	g12	seslog3	sessum3	변수	변수	변수	변수
1561	59.00	1.00	143.00	41.00	42.00	1.32	3.75				
1562	59.00	1.00	148.00	57.00	38.00	1.39	4.00				
1563	59.00	.00	137.00	24.50	42.00	1.39	4.00				
1564	59.00	1.00	126.00	52.00	31.00	1.32	3.75				
1565	59.00	1.00	116.00	23.00	29.00	1.32	3.75				
1566	59.00	1.00	144.00	48.50	37.00	1.32	3.75				
1567	59.00	.00	143.00	30.00	49.00	1.45	4.25				
1568	59.00	1.00	147.00	49.50	40.00	1.18	3.25				
1569	59.00	1.00	147.00	58.00	31.00	1.25	3.50				
1570	59.00	.00	144.00	40.50	45.00	1.32	3.75				
1571	59.00	.00	136.00	53.50	41.00	1.18	3.25				
1572	59.00	.00	134.00	45.50	34.00	1.18	3.25				
1573	59.00	.00	133.00	30.00	38.00	1.18	3.25				
1574	59.00	1.00	114.00	24.50	34.00	1.10	3.00				
1575	59.00	1.00	120.00	19.00	33.00	1.10	3.00				
1576	59.00	1.00	127.00	35.50	45.00	1.10	3.00				
1577	59.00	.00	143.00	48.00	40.00	1.32	3.75				
1578	59.00	1.00	74.00	24.50	33.00	.92	2.50				
1579	59.00	.00	137.00	34.00	39.00	.92	2.50				
1580	59.00	.00	127.00	35.50	52.00	1.01	2.75				
1581	59.00	.00	133.00	36.50	36.00	1.10	3.00				
1582	59.00	.00	96.00	19.00	32.00	1.10	3.00				
1583	59.00	.00	128.00	55.50	49.00	1.01	2.75				
1584	59.00	.00	135.00	24.50	40.00	.92	2.50				
1585	60.00	.00	149.00	21.00	41.00	1.01	2.75				
1586	60.00	.00	138.00	42.50	29.00	1.25	3.50				
1587	60.00	1.00	148.00	36.00	35.00	1.18	3.25				
1588	60.00	.00	135.00	19.00	41.00	.92	2.50				
1589	60.00	1.00	110.00	22.00	38.00	1.01	2.75				
1590	60.00	.00	129.00	41.00	37.00	.81	2.25				
1591	60.00	1.00	127.00	23.00	35.00	.81	2.25				
1592	60.00	1.00	136.00	29.50	35.00	.81	2.25				

그림 Ⅵ-1 학생수준 코딩파일

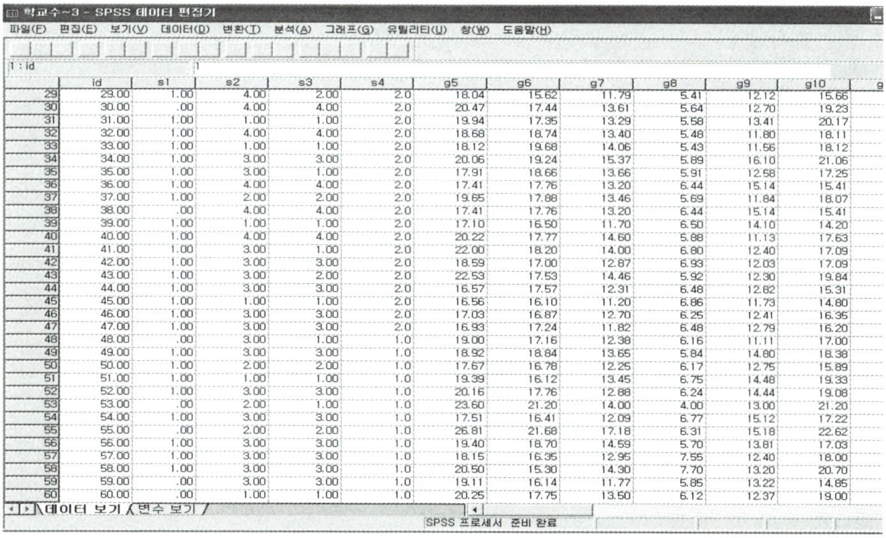

	id	s1	s2	s3	s4	g5	g6	g7	g8	g9	g10
29	29.00	1.00	4.00	2.00	2.0	18.04	15.62	11.79	5.41	12.12	15.66
30	30.00	.00	4.00	4.00	2.0	20.47	17.44	13.61	5.64	12.70	19.23
31	31.00	1.00	1.00	1.00	2.0	19.94	17.35	13.29	5.58	13.41	20.17
32	32.00	1.00	4.00	4.00	2.0	18.68	18.74	13.40	5.48	11.80	18.11
33	33.00	1.00	1.00	1.00	2.0	18.12	19.68	14.06	5.43	11.56	18.12
34	34.00	1.00	3.00	3.00	2.0	20.06	19.24	15.37	5.89	16.10	21.06
35	35.00	1.00	3.00	1.00	2.0	17.91	18.66	13.66	5.91	12.58	17.25
36	36.00	1.00	4.00	4.00	2.0	17.41	17.76	13.20	6.44	15.14	15.41
37	37.00	1.00	2.00	2.00	2.0	19.65	17.88	13.46	5.69	11.84	18.07
38	38.00	.00	4.00	4.00	2.0	17.41	17.76	13.20	6.44	15.14	15.41
39	39.00	1.00	1.00	1.00	2.0	17.10	16.50	11.70	6.50	14.10	14.20
40	40.00	1.00	4.00	4.00	2.0	20.22	17.77	14.60	5.88	11.13	17.63
41	41.00	1.00	3.00	1.00	2.0	22.00	18.20	14.00	6.80	12.40	17.09
42	42.00	1.00	3.00	3.00	2.0	18.59	17.00	12.87	6.93	12.03	17.09
43	43.00	1.00	3.00	2.00	2.0	22.53	17.53	14.46	5.92	12.30	19.84
44	44.00	1.00	3.00	3.00	2.0	16.57	17.57	12.31	6.48	12.82	15.31
45	45.00	1.00	1.00	1.00	2.0	16.56	16.10	11.20	6.86	11.73	14.80
46	46.00	1.00	3.00	3.00	2.0	17.03	16.87	12.70	6.25	12.41	16.35
47	47.00	1.00	3.00	3.00	2.0	16.93	17.24	11.82	6.48	12.79	16.20
48	48.00	.00	3.00	1.00	1.0	19.00	17.16	12.38	6.16	11.11	17.00
49	49.00	1.00	3.00	3.00	1.0	18.92	18.84	13.65	5.84	14.80	18.38
50	50.00	1.00	2.00	2.00	1.0	17.67	16.78	12.25	6.17	12.75	15.89
51	51.00	1.00	1.00	1.00	1.0	19.39	16.12	13.45	6.75	14.48	19.33
52	52.00	1.00	3.00	3.00	1.0	20.16	17.76	12.88	6.24	14.44	19.08
53	53.00	.00	2.00	1.00	1.0	23.60	21.20	14.00	4.00	13.00	21.20
54	54.00	1.00	3.00	3.00	1.0	17.51	16.41	12.09	6.77	15.12	17.22
55	55.00	.00	2.00	2.00	1.0	26.81	21.68	17.18	6.31	15.18	22.62
56	56.00	1.00	3.00	3.00	1.0	19.40	18.70	14.59	5.70	13.81	17.03
57	57.00	1.00	3.00	3.00	1.0	18.15	16.35	12.95	7.55	12.40	18.00
58	58.00	1.00	3.00	3.00	1.0	20.50	15.30	14.30	7.70	13.20	20.70
59	59.00	.00	3.00	3.00	1.0	19.11	16.14	11.77	5.85	13.22	14.85
60	60.00	.00	1.00	1.00	1.0	20.25	17.75	13.50	6.12	12.37	19.00

그림 Ⅵ-2 학교수준 코딩파일

4. 연구 상황

① 학생의 학업성취에 영향을 주는 변인인 가정변인(SES, 부모-자녀관계), 학교변인(교사성별, 학교규모, 학교소재지, 학교SES평균), 학교 내 사회적 자본변인(교사-학생관계, 학생-학생관계, 네트워크, 유대약화, 기대, 생활통제)들의 영향 정도를 알아보고 학교 간의 효과는 어떠한가?

② 학생들의 정보격차에 대한 학교효과는 어떠한가?

5. 실행 과정

가. 위계선형분석(HLM)

step 1

HLM을 실행한 후 [File]-[Make new MDM file]-[Stat package input]을 클릭한다.

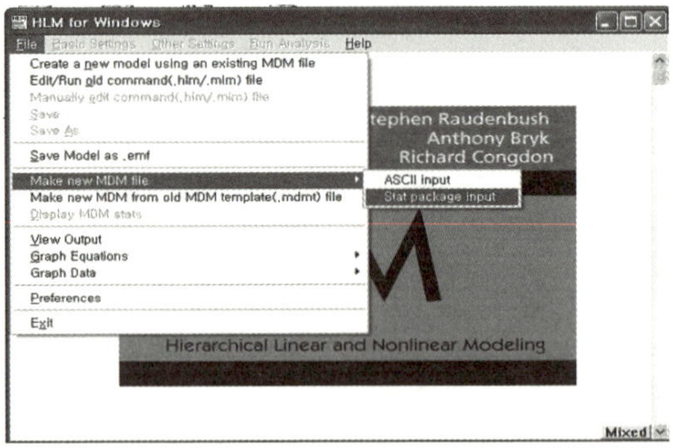

그림 Ⅵ-3

step 2

2수준이면 HLM2를 체크, OK버튼을 누르고, 3수준이면 HLM3을 체크하고, OK버튼을 누른다.

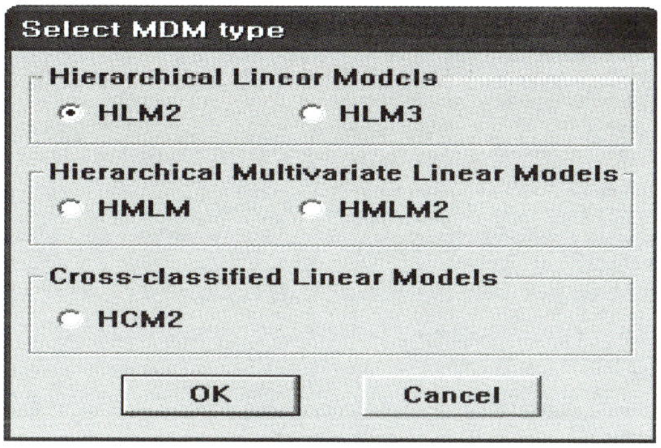

그림 Ⅵ-4

step 3

[Level-1 Specification]－[Browse]－[Choose Variables]을 클릭한다.

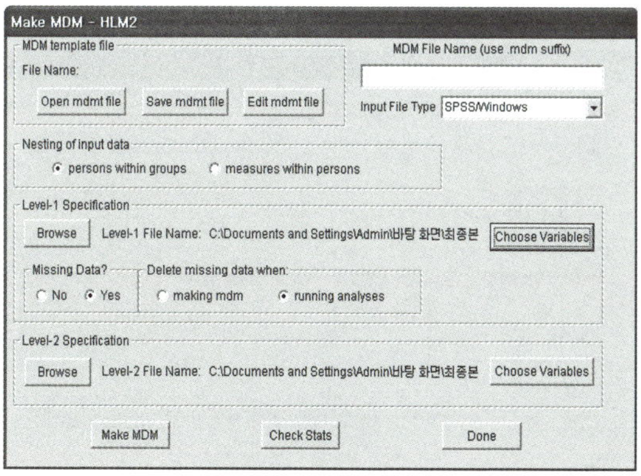

그림 Ⅵ-5

step 4

학생수준 변인을 선택하기 위하여 ID는 ID칸을 체크하고, 나머지 변인들은 in MDM칸을 선택한 후 OK를 클릭한다.

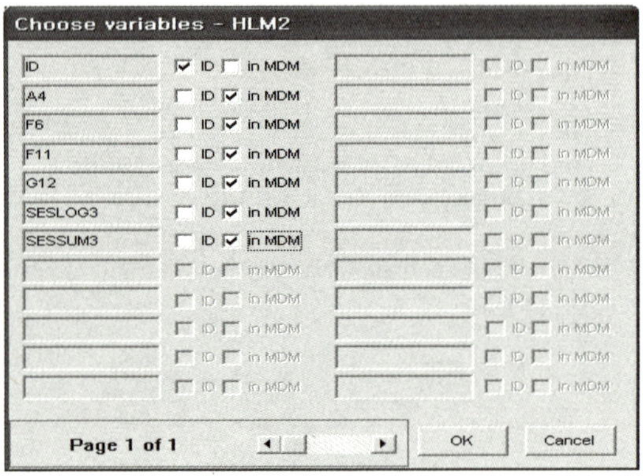

그림 Ⅵ-6

step 5

[Level-2 Specification]-[Browse]-[Choose Variables]

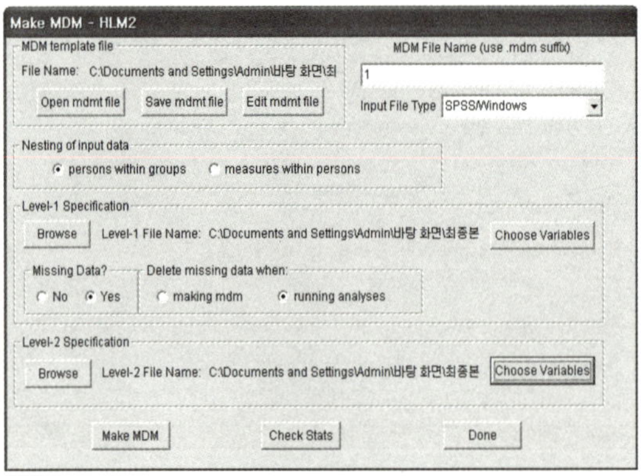

그림 Ⅵ-7

step 6

학교수준 변인을 선택하기 위하여 ID는 ID칸을 체크하고, 나머지는 in MDM칸을 선택한 후 OK를 클릭한다.

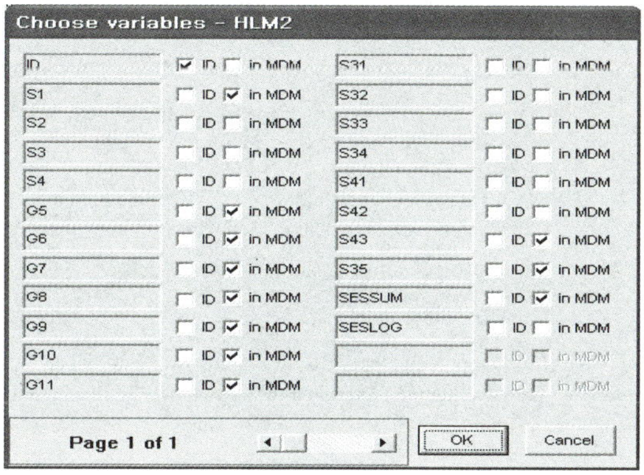

그림 Ⅵ-8

step 7

Make MDM을 클릭한다.

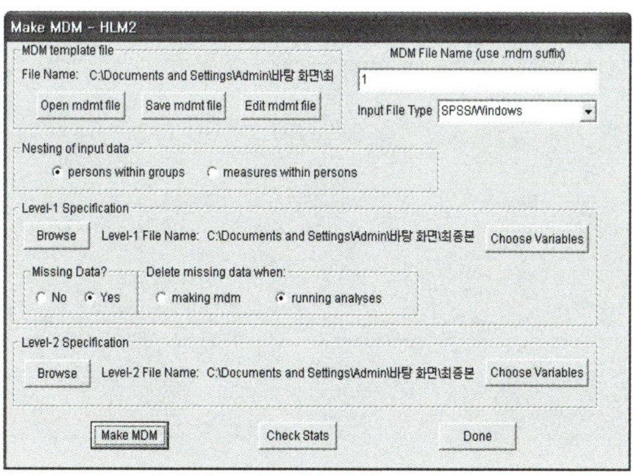

그림 Ⅵ-9

step 8

아래와 같이 기술통계값이 제시된다.

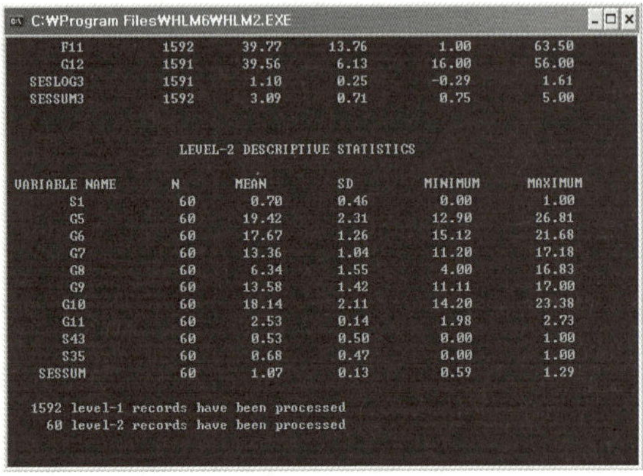

그림 Ⅵ-10

step 9

Check Stats를 클릭한다.

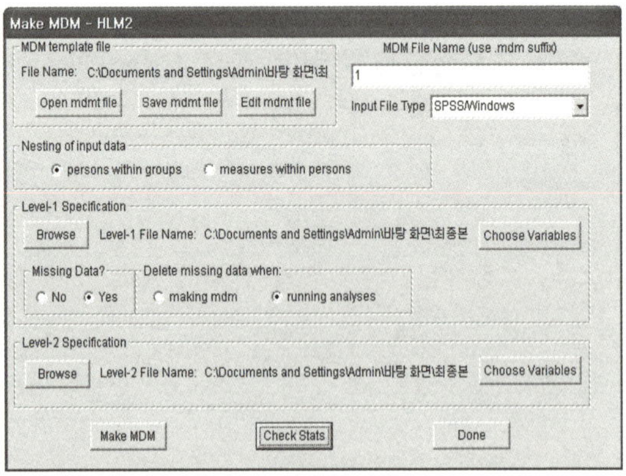

그림 Ⅵ-11

step 10

메모장의 txt파일 형태로 level-1과 level-2의 기술통계값이 제시된다. 이것을 다른 이름으로 저장하여 본문에 반드시 제시하여야 한다.

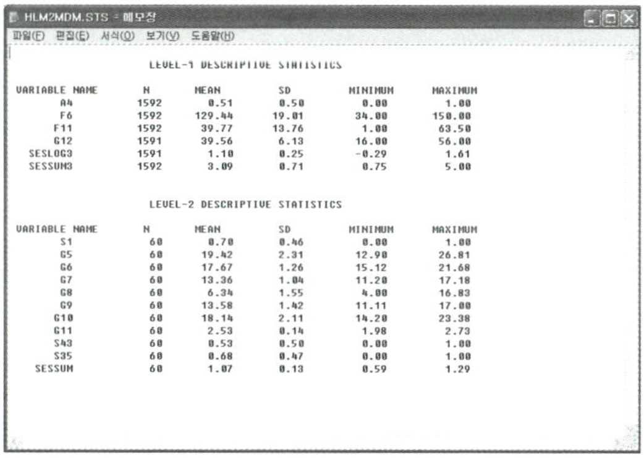
HLM2MDM.STS - 메모장
파일(F) 편집(E) 서식(O) 보기(V) 도움말(H)

LEVEL-1 DESCRIPTIVE STATISTICS

VARIABLE NAME	N	MEAN	SD	MINIMUM	MAXIMUM
A4	1592	0.51	0.50	0.00	1.00
F6	1592	129.44	19.01	34.00	150.00
F11	1592	39.77	13.76	1.00	63.50
G12	1591	39.56	6.13	16.00	56.00
SESLOG3	1591	1.10	0.25	-0.29	1.61
SESSUM3	1592	3.09	0.71	0.75	5.00

LEVEL-2 DESCRIPTIVE STATISTICS

VARIABLE NAME	N	MEAN	SD	MINIMUM	MAXIMUM
S1	60	0.70	0.46	0.00	1.00
G5	60	19.42	2.31	12.90	26.81
G6	60	17.67	1.26	15.12	21.68
G7	60	13.36	1.04	11.20	17.18
G8	60	6.34	1.55	4.00	16.83
G9	60	13.58	1.42	11.11	17.00
G10	60	18.14	2.11	14.20	23.38
G11	60	2.53	0.14	1.98	2.73
S43	60	0.53	0.50	0.00	1.00
S35	60	0.68	0.47	0.00	1.00
SESSUM	60	1.07	0.13	0.59	1.29

그림 VI-12

step 11

①Make MDM → ②Check Stats → ③Done을 왼쪽부터 차례대로 실행한다. Done을 실행하면 아래의 화면이 나온다.

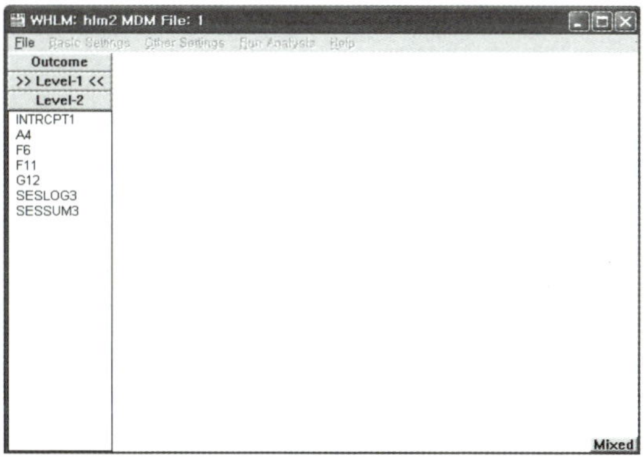

그림 VI-13

step 12

[Level-1]－[F11(학업성취)]－[Outcome variable]－[종속변인]을 클릭하면 [그림 Ⅵ－14]와 같은 기초모형 방정식이 만들어진다.

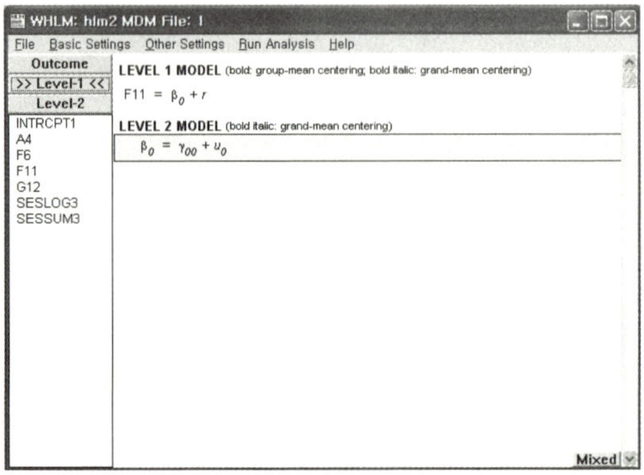

그림 Ⅵ－14

step 13

[Run Analysis]－[Run the model shown]을 클릭한다.

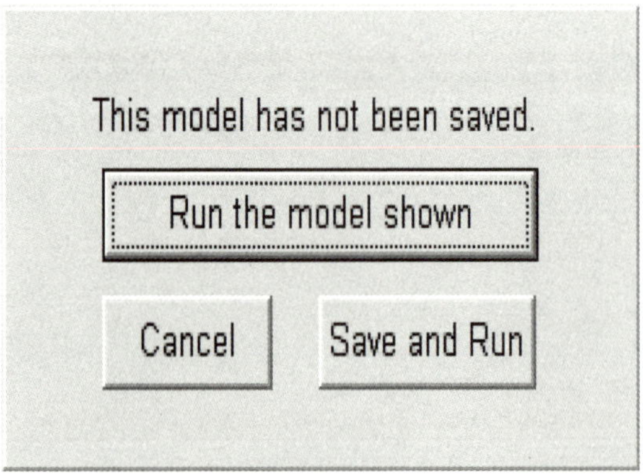

그림 Ⅵ－15

step 14

아래와 같은 진행화면이 나타난다.

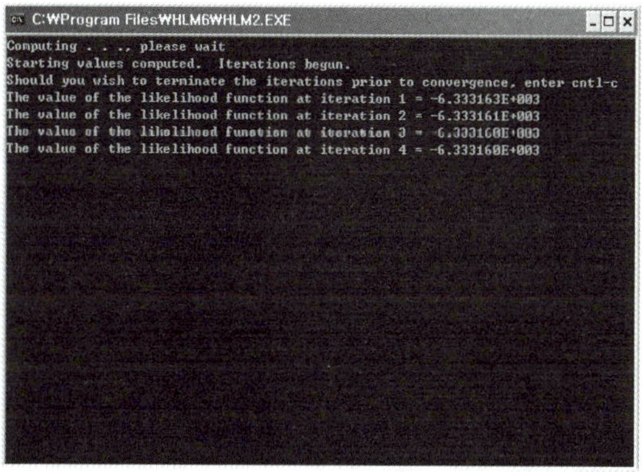

그림 Ⅵ-16

step 15

[File]-[View Output]을 클릭하면 위와 같은 결과가 txt파일 형태로 제시된다. 이것은 기초모형의 output 값으로 반드시 다른 이름으로 저장을 한다.

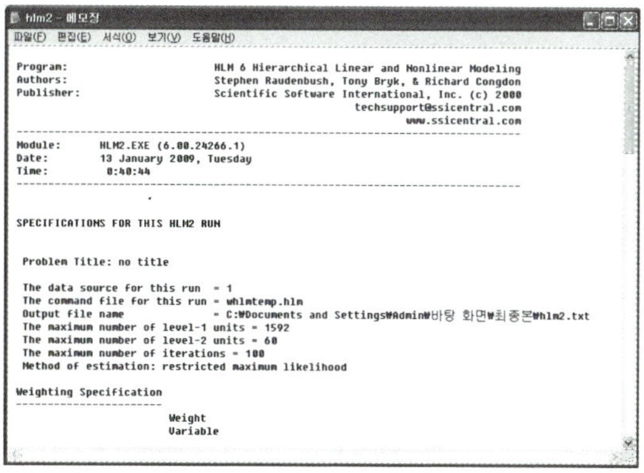

그림 Ⅵ-17

step 16

왼편에 제시된 변수명 중에서 모형2에 포함되어야 할 변인을 차례대로 클릭하고, 더미변인은 1,2수준 모두 add variable uncentered, 1수준 변인은 add variable group centered, 2수준 변인은 add variable grand centered를 클릭한다.

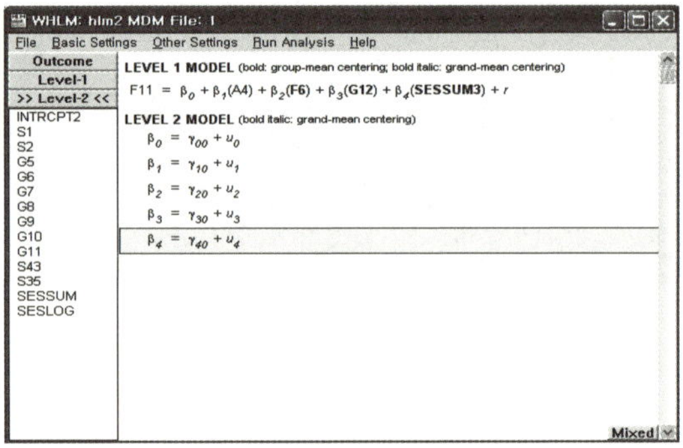

그림 Ⅵ-18

step 17

Level-2를 클릭하고 2수준 변인들을 차례대로 클릭하면 위와 같은 방정식이 만들어진다.

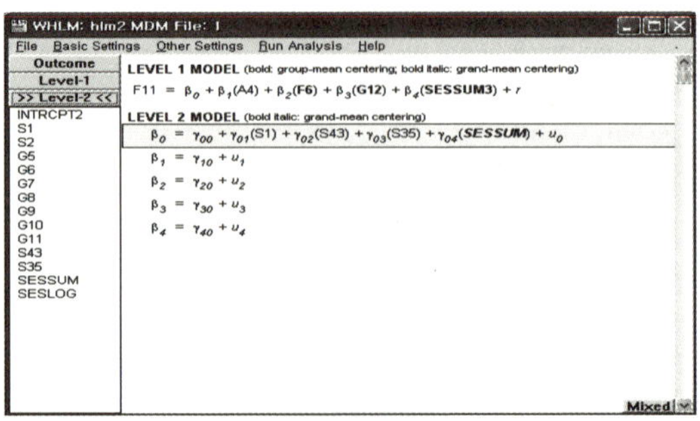

그림 Ⅵ-19

step 18

[Run Analysis]-[Run Model the shown]을 클릭하면 아래와 같은 화면이 나온다. 반복회수 디폴트값을 50번으로 제한하여 실행하였기에 계산이 수렴되지 않아 계속하여 반복 계산할지를 물어보고 있다. 여기서 y를 누르고 엔터를 치면 반복하여 계산이 진행된다. View Output를 눌러 계산결과를 확인한다.

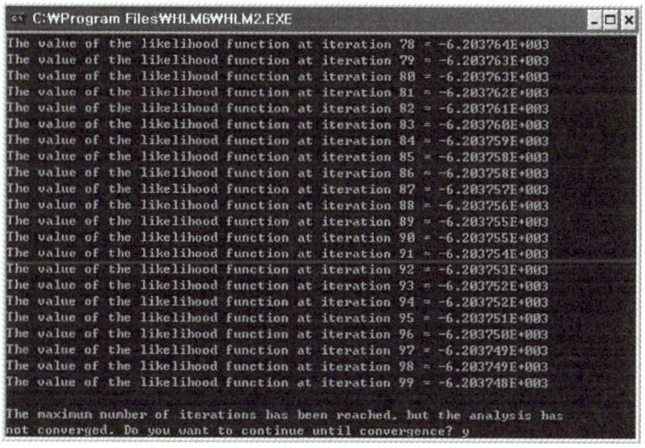

그림 Ⅵ-20

6. 분석 결과

HLM을 실행한 후 분석 결과는 아래와 같이 나타난다. 이 중에서 결과처리에 필요한 데이터는 음영처리를 하였다.

```
-------------------------------------------------------
Program:                    HLM 6 Hierarchical Linear and Nonlinear Modeling
 Authors:                   Stephen Raudenbush, Tony Bryk, & Richard Congdon
 Publisher:                 Scientific Software International, Inc. (c) 2000
                                        techsupport@ssicentral.com
                                              www.ssicentral.com

-------------------------------------------------------------------
 Module:     HLM2.EXE (6.00.24266.1)
 Date:       16 December 2008, Tuesday
 Time:        7:56:30
--------------------------------------------------------------------
 SPECIFICATIONS FOR THIS HLM2 RUN
  Problem Title: no title
  The data source for this run  = 13
  The command file for this run = whlmtemp.hlm
  Output file name              = C:₩Documents and Settings₩Admin₩바탕 화면₩최종본
₩hlm2.txt
  The maximum number of level-1 units = 1592
  The maximum number of level-2 units = 60
  The maximum number of iterations = 100
  Method of estimation: restricted maximum likelihood
 Weighting Specification
 -----------------------
                              Weight
                              Variable
              Weighting?      Name          Normalized?
 Level 1          no
 Level 2          no
 Precision        no
  The outcome variable is        F11
  The model specified for the fixed effects was:
 ----------------------------------------------------
```

```
     Level-1                  Level-2
     Coefficients             Predictors
   ----------------------   ---------------
          INTRCPT1, B0       INTRCPT2, G00
                                   S1, G01
$                                 S43, G02
$                                 S35, G03
$                              SESSUM, G04
          A4 slope, B1       INTRCPT2, G10
                                   S1, G11
$                                  G5, G12
$                                  G6, G13
$                                  G7, G14
$                                  G8, G15
$                                  G9, G16
$                                 G10, G17
$                                 S43, G18
$                                 S35, G19
$                              SESSUM, G110
*         F6 slope, B2       INTRCPT2, G20
*        G12 slope, B3       INTRCPT2, G30
*   SESSUM3 slope, B4        INTRCPT2, G40
'*' - This level-1 predictor has been centered around its group mean.
'$' - This level-2 predictor has been centered around its grand mean.
 The model specified for the covariance components was:
 ---------------------------------------------------------
         Sigma squared (constant across level-2 units)
         Tau dimensions
               INTRCPT1
                    A4 slope
                    F6 slope
                   G12 slope
               SESSUM3 slope
 Summary of the model specified (in equation format)
 ---------------------------------------------------
Level-1 Model
         Y = B0 + B1*(A4) + B2*(F6) + B3*(G12) + B4*(SESSUM3) + R

Level-2 Model
         B0 = G00 + G01*(S1) + G02*(S43) + G03*(S35) + G04*(SESSUM) + U0
```

```
        B1 = G10 + G11*(S1) + G12*(G5) + G13*(G6) + G14*(G7)
        + G15*(G8) + G16*(G9) + G17*(G10) + G18*(S43)
        + G19*(S35) + G110*(SESSUM) + U1
        B2 = G20 + U2
        B3 = G30 + U3
        B4 = G40 + U4

Run-time deletion has reduced the number of level-1 records to 1592
Iterations stopped due to small change in likelihood function
******* ITERATION 431 *******
 Sigma_squared =     126.52044
 Tau
 INTRCPT1,B0     35.21096    -12.28411     0.18158     0.37604    -1.13518
       A4,B1    -12.28411      7.46579    -0.04949    -0.33993     1.53365
       F6,B2      0.18158     -0.04949     0.04013     0.00298     0.10324
      G12,B3      0.37604     -0.33993     0.00298     0.02675    -0.13027
  SESSUM3,B4     -1.13518      1.53365     0.10324    -0.13027     1.06901
Tau (as correlations)
 INTRCPT1,B0  1.000 -0.758  0.153  0.387 -0.185
       A4,B1 -0.758  1.000 -0.090 -0.761  0.543
       F6,B2  0.153 -0.090  1.000  0.091  0.498
      G12,B3  0.387 -0.761  0.091  1.000 -0.770
  SESSUM3,B4 -0.185  0.543  0.498 -0.770  1.000
 ----------------------------------------------------
  Random level-1 coefficient   Reliability estimate
 ----------------------------------------------------
  INTRCPT1, B0                        0.743
        A4, B1                        0.681
        F6, B2                        0.591
       G12, B3                        0.539
   SESSUM3, B4                        0.566
 ----------------------------------------------------
 Note: The reliability estimates reported above are based on only 59 of 60
 units that had sufficient data for computation.  Fixed effects and variance
 components are based on all the data.

 The value of the likelihood function at iteration 431 = -6.187934E+003
  The outcome variable is         F11
  Final estimation of fixed effects:
 ----------------------------------------------------------------------------------------
```

Fixed Effect	Coefficient	Standard Error	T-ratio	Approx. d.f.	P-value
For INTRCPT1, B0					
INTRCPT2, G00	43.128309	1.626310	26.519	55	0.000
S1, G01	-5.094785	1.949563	-2.613	55	0.012
S43, G02	0.453645	1.905241	0.238	55	0.813
S35, G03	0.097472	2.118083	0.046	55	0.964
SESSUM, G04	20.305089	7.445577	2.727	55	0.009
For A4 slope, B1					
INTRCPT2, G10	-1.715524	1.353846	-1.267	49	0.211
S1, G11	1.680504	1.651680	1.017	49	0.314
G5, G12	0.684957	0.499177	1.372	49	0.176
G6, G13	1.162573	0.806028	1.442	49	0.156
G7, G14	1.961140	0.943628	2.078	49	0.043
G8, G15	-0.678256	0.390439	-1.737	49	0.088
G9, G16	-1.118740	0.448223	-2.496	49	0.016
G10, G17	0.471774	0.554525	0.851	49	0.399
S43, G18	-0.530069	1.621614	-0.327	49	0.745
S35, G19	-0.913222	1.784160	-0.512	49	0.611
SESSUM, G110	1.632186	6.958248	0.235	49	0.816
For F6 slope, B2					
INTRCPT2, G20	0.214547	0.033052	6.491	59	0.000
For G12 slope, B3					
INTRCPT2, G30	0.009735	0.054612	0.178	59	0.859
For SESSUM3 slope, B4					
INTRCPT2, G40	1.033953	0.504468	2.050	59	0.045

The outcome variable is F11

Final estimation of fixed effects
(with robust standard errors)

Fixed Effect	Coefficient	Standard Error	T-ratio	Approx. d.f.	P-value
For INTRCPT1, B0					
INTRCPT2, G00	43.128309(절편값)	1.380465	31.242	55	0.000
S1, G01	-5.094785	1.881613	-2.708	55	0.009
S43, G02	0.453645	1.880300	0.241	55	0.810
S35, G03	0.097472	1.427296	0.068	55	0.946

SESSUM, G04	20.305089	7.828714	2.594	55	0.012
For A4 slope, B1					
INTRCPT2, G10	-1.715524	0.870670	-1.970	49	0.054
S1, G11	1.680504	1.332075	1.262	49	0.213
G5, G12	0.684957	0.427348	1.603	49	0.115
G6, G13	1.162573	0.630922	1.843	49	0.071
G7, G14	1.961140	0.814424	2.408	49	0.020
G8, G15	-0.678256	0.195873	-3.463	49	0.001
G9, G16	-1.118740	0.343761	-3.254	49	0.002
G10, G17	0.471774	0.484248	0.974	49	0.335
S43, G18	-0.530069	1.725186	-0.307	49	0.760
S35, G19	-0.913222	1.461200	-0.625	49	0.535
SESSUM, G110	1.632186	7.033609	0.232	49	0.818
For F6 slope, B2					
INTRCPT2, G20	0.214547	0.032369	6.628	59	0.000
For G12 slope, B3					
INTRCPT2, G30	0.009735	0.052000	0.187	59	0.852
For SESSUM3 slope, B4					
INTRCPT2, G40	1.033953	0.446224	2.317	59	0.024

Final estimation of variance components:

Random Effect		Standard Deviation	Variance Component	df	Chi-square	P-value
INTRCPT1,	U0	5.93388	35.21096(학교수준변량)	54	243.64624	0.000
A4 slope,	U1	2.73236	7.46579	48	70.90092	0.017
F6 slope,	U2	0.20032	0.04013	58	180.94005	0.000
G12 slope,	U3	0.16356	0.02675	58	64.70033	0.254
SESSUM3 slope,	U4	1.03393	1.06901	58	50.58162	〉.500
level-1,	R	11.24813	126.52044(학생수준변량)			

Note: The chi-square statistics reported above are based on only 59 of 60 units that had sufficient data for computation. Fixed effects and variance components are based on all the data.

Statistics for current covariance components model

Deviance = 12375.868185
Number of estimated parameters = 16

7. 보고서 작성

〈표 Ⅵ-2〉는 학업성취도에 대한 위계적 선형 모형 분석결과를 제시한 것이다.

표 Ⅵ-2 학업성취도에 대한 위계적 선형 모형 분석결과

학업성취	기초모형		중간모형				연구모형			
	모형1		모형2		모형3		모형4		모형5	
	회귀 계수	표준 오차	회귀 계수	표준 오차	회귀 계수	표준 오차	회귀 계수	표준 오차	회귀 계수	표준 오차
학생수준										
(절편)	39.387***	(0.811)	39.607***	(0.964)	39.617***	(0.959)	41.570***	(1.525)	42.819***	(1.564)
3월 준비도검사			0.216***	(0.032)	0.217***	(0.032)	0.215***	(0.032)	0.214***	(0.032)
성별			-0.436	(0.693)	-0.478	(0.674)	-0.611	(0.680)	-0.808	(1.296)
SES평균			1.042*	(0.438)	1.039*	(0.451)	1.065*	(0.451)	1.033*	(0.446)
부모-자녀관계					-0.002	(0.052)	0.002	(0.052)	0.009	(0.052)
학교수준										
교사성별							-3.312*	(1.546)	1.680	(1.332)
학교규모							-0.081	(1.174)	-0.913	(1.461)
학납소재지							0.692	(1.319)	-0.530	(1.725)
학교SES평균							1.065*	(0.451)	1.632	(7.033)
교사-학생관계									0.684*	(0.427)
학생-학생관계									1.162*	(0.630)
네트워크									1.961*	(0.814)
유대약화									-0.678***	(0.195)
생활통제									-1.118**	(0.343)
기대									0.471	(0.484)
분산										
학생수준(σ^2)	156.271		128.589		122.740		121.677		116.520	
학교수준(roo)	33.275		28.422		24..916		22.009		19.210	
전체	189.546		157.011		146.74		143.686		135.73	
집단내상관(ICC)	0.171		0.181		0.169		0.153		0.140	
R^2										
학생수준			0.177		0.214	(0.037)	0.221	(0.007)	0.254	(0.033)
학교수준			0.145		0.251	(0.106)	0.338	(0.087)	0.422	(0.084)
전체			0.171		0.225	(0.054)	0.241	(0.016)	0.283	(0.042)

*P〈 .05, **P〈 .01, ***P〈.001

학업성취 변인에 대하여 학교 수준에서 설명할 수 있는 변량의 비율을 알아보고자 ICC(intraclass correlation, Raudenbush & Bryk, 2005)를 계산하였다[2]. [모형 1]에서 학업성취에 관한 총 변량 중에서 17.1%는 학교 간 차이에 의한 것이며, 나머지 변량인 82.9%는 개인 수준, 즉 학교 내 차이로서 설명할 수 있음을 의미한다. 이는 학생들의 학업성취의 차이가 학생 수준에 의해 주로 발생한다고 할 수 있지만, 학생이 속해 있는 학교(17.1%)에 의해서도 많은 부분이 설명될 수 있다는 것을 알 수 있다.

본 연구에서 학업성취에 영향을 미치는 요인을 분석하기 위해 설정한 모형의 효과는 〈표 Ⅵ-2〉의 모형 하단에 제시된 누적 설명분산(R^2)을 통해 파악할 수 있다. 따라서 [모형 2]는 학생수준 분산 81.9% 중에서 학생수준 변인이 투입됨으로써 설명될 수 있는 비율이 약 17.7%를 의미한다.[3]

---

2) 집단 내 상관계수(intraclass correlation: ICC)는 변인의 전체 분산 주에서 집단 수준의 분산이 차지하는 비율로서 전체 분산 중에서 몇 퍼센트가 집단 간 차이(ICC)와 개인 간의 차이(1-ICC)로 인한 것인지 설명해 주는 통계치로 집단 내 상관계수(ICC)는 $ICC=roo/(roo+\sigma^2)$로 산출한다.

3) R^2(설명량)=투입 전 변량-투입 후 변량 / 투입 전 변량 * 100으로 구하고, 기초모형의 변량이 투입 전 변량이 되고, 1수준이나 2수준의 변량이 투입 후 변량이 된다.

참고문헌

강상진 · 김현주(2001). 학교효과의 측정과 학교평가방법 비교분석. 교육학연구, 39(3), 1-26.

구병두 · 김범준(2007). 교육과정 및 교육평가. 공동체.

권순달(2002). 교육연구의 이해. 양서원.

김경근 · 변수용(2007). 한국사회에서의 학업성취에 대한 문화자본의 영향, 17(1), 23-51.

김경성(2006). HLM을 이용한 다층자료분석의 활용. 교육심리연구방법론 워크샵자료집.

김병성(1996). 교육연구방법. 서울: 학지사.

김석우(1997). 교육연구법. 서울: 학지사.

김석우(2010). 사회과학 연구를 위한 SPSS · AMOS 활용의 실제. 학지사.

김석우 · 최태진(2007). 교육연구방법론. 학지사.

김연형 · 김재훈(2006). SPSS와 사회과학 자료 분석. 교우사.

김종서(1968). 현장연구법의 이론과 실제. 서울: 배영사.

김종서 · 임인재(1989). 교육연구법 및 통계. 서울: 한국방송통신대학 출판부.

노석준 · 문승태 · 장선철(2008). 교육연구방법 및 통계. 동문사.

민윤기 · 김효창(2005). 행동과학을 위한 기초통계. 시그마프레스.

박도순(2001). 교육연구방법론(개정판). 문음사.

박정민 · 나상균 · 정호일(2006). SPSS13.0을 활용한 통계자료분석. 법문사.

백순근(2004). 학위논문 작성을 위한 교육연구 및 통계분석. 서울: 교육과학사.

서의훈(2002). SPSS 10.0 한글판을 이용한 SPSS 통계분석. 자유아카데미.

성기선(1997). 고등학생들의 학업성취도에 미치는 학교효과 탐색. 교육사회학연구, 7(4), 189-204.

성기선(1998). 학교효과 연구의 이론과 방법론. 서울: 원미사.

성태제(2005). 교육연구방법의 이해(개정판). 학지사.

손충기(2006). 교육연구방법론. 태영출판사.

송인섭 · 강갑원 · 이경화(2008). 아동연구방법. 동문사.

신재흡(2009). 현직교사를 위한 현장교육연구의 이론과 실제. 공동체.

안우환(2004). 논문 작성을 위한 교육통계. 한국학술정보(주).

양옥승(1997). 유아교육연구방법. 양서원.

이대균(1999). 유아교육 연구방법 -연구계획에서 논문작성까지-. 양서원.

이영석(1988). 아동연구방법론. 서울: 창지사.

이은해(1985). 아동연구방법. 서울: 교문사.

이은해 · 이미리 · 박소연(2006). 아동 연구방법의 이해. 학지사.
이종승(2009). 교육 · 심리 · 사회 연구방법론. 교육과학사.
이종환(2008). SPSS를 이용한 조사방법 및 통계분석의 이해와 적용. 공동체.
이주일 역(2009). SPSS를 활용한 심리연구 분석. 시그마프레스.
장상호(1977). 행동과학의 연구논리. 서울: 교육출판사.
전경원(1999). 창의성을 중심으로 한 유아연구방법론(Ⅰ). 창지사.
전우홍 · 양정호(2005). 학교선택요인이 학업성취에 미치는 영향. 한국교육고용패널자료(KEEP)학술대회 논문집, 23-41.
홍성열(2001). 사회과학도를 위한 연구방법론. 시그마프레스.
황해익(2004). 아동 연구 방법. 정민사.

Best, J. W.(1981). Research in Education (4th ed.). New Jersey: Prentice-Hall.
Best, J. W., & Kahn, J. V.(1989). Research in Education (6th ed.). New Jersey: Prentice-Hall..
Borg, W. R., Gall, M.D. & Gall, J. P.(1996). Educational research: An introduction (6th ed). New York: Longman Publishers.
Bryman, A.(1988). Quantity and quality in social research. London: Unwin Hyman.
Christensen, L. B.(2001). Experimental methology (8th ed.). Needham Heights, MA: Allyn & Bacon.
Cohen, L., Manion, L., & Morrison, K.(2000). Research methods in education(5th ed.). London and New York: RoutledgeFalmer.
Crowl, T. K.(1993). Fundamentals of Educational Research. Madison, Wis.: Brown & Benchmark.
Goodwin, C. J.(2005). Research in psychology: Methods and design (4th ed.). New York: John Wiley & Sons.
Kerlinger, E. N.(1986). Foundations of behavioral research (3rd ed.). New York: Holt, Rinehart & Winston.
Kerlinger, F. N., & Lee, H. B.(2000). Foundations of behavioral research(4th ed.). New York: Harcourt College Publishers.
Macmillan, J. H., & Schumacher, S.(1989). Research in education: A conceptual introduction (2nd ed.). Glenview, IL: Scott, Foresman.
Martin, D.(2004). Doing Psychology experiments (6th ed.). Belmont, CA: Wadsworth Publishing Co.
Raudenbush, S. W., Bryk, A. S. & Congdon, R. T.(2005). *HLM 6.02. Hierarchical*

linear and nonlinear modeling. Scientific Software International.

Salkind, N. J.(2003). Exploring research (5th ed.). Upper Saddle River, NJ: Prentice-Hall.

Sax, G.(1968). Empirical foundations of educational research. Englewood Cliffs, NJ: Prentice-Hall.

Wiersma, W.(2000). Research methods in education: An introduction. Allyn and Bacon.

저자약력

신재한

경북대학교 교육학박사
한국교육개발원 연구위원
교육부 연구사
현) 국제뇌교육종합대학원대학교 뇌교육학과 교수

권민석

경북대학교 교육학박사
경북대학교, 대구교육대학교 외래강사

초급에서 고급까지
사회과학통계의 이론과 실제

2016년 3월 5일 1판 1쇄 인쇄
2016년 3월 10일 1판 1쇄 발행

저 자 : 신재한 권민석
발행자 : 김 동 규
발행처 : 교육과학사

저자와의 협의하에 인지생략

경기도 파주시 광인사길 71(문발동)
전화(031)955-6956~8/팩스(031)955-6037
Home-page : www.kyoyookbook.co.kr
E-mail : kyoyook@chol.com
등록 : 1970년 5월 18일 제2-73호

낙장·파본은 교환해 드립니다.
Printed in Korea.

정가 13,000 원
ISBN 978-89-254-1040-1